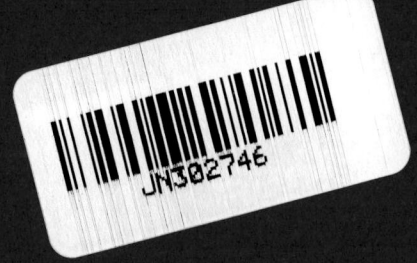

うどんを打つ

プロが教えるうどんの基礎と
定番・創作60品

柴田書店

はじめに

日本の原風景が浮かぶような、小麦とだしが香る素直でやさしい味。
その親しみやすさから、世代を越えて愛され続けている「うどん」は、
日本の“大衆食”と呼ぶにふさわしい。
温かいつゆをたっぷりはって食べるもよし、びしっと冷やした麺をすするもよし。
ごま汁、鴨汁、カレーなど目先の変わった味に挑戦したり、
油揚げや卵、とろろ、天ぷらなどトッピングによるアレンジも自由自在。
楽しみ方は無限にあるから、自分好みの一品に出会えるのも、万人に受ける理由だろう。
伝統的な日本の麺食文化として、たびたび「そば」と比較されることが多いが、
うどんがおもしろいのは、その土地ならではの特徴がはっきりと表れていること。
麺ひとつとっても、たとえばご存知、讃岐うどんと稲庭うどんなら、
前者はコシが強く、太い生うどんで、後者はしなやかで細身の干しうどん。
かつて小麦の産地だった土地では昔ながらの素朴なうどんが受け継がれているし、
都市部にはキラキラ光る洗練度の高いうどんを志向する職人もいる。
どのような味をめざすにしても、うどんづくりは一筋縄ではいかない。
麺なら温度や湿度の変化に合わせて加水の調整が不可欠。
だしをひくにも、素材の配合や煮出す時間を細かく設定する必要がある。
単純そうに見える料理だが、魅力的な一杯は職人の熱意と、繊細で高度な技術の賜もの。
本書で紹介する、讃岐、関東、関西それぞれの味づくりにおける基本技術と
人気店のメニューに学び、うどんづくりの第一歩を踏み出そう。

目 次

一、

うどんの基礎

うどんの基本の食べ方

麺打ちを学ぶ

だし・つゆづくりを学ぶ

二、

トッピングで広がるメニューバラエティ

うどんにのせて一体感を楽しむ

「別盛り」「後のせ」天ぷらで賑やかに

三、

変わりつゆ・たれメニュー

四、

カレー、味噌煮込み、鍋焼きうどん

撮影／天方晴子、川瀬典子、海老原俊之、
浅山美鈴、北村寛和

デザイン・イラスト／ 山本 陽、菅井佳奈
（エムティ クリエイティブ）

編集／吉田直人、坂根涼子、植田唯起子、川島路人

column

本書を使う前に

▼料理、だし、つゆ、自家製の調味料の名前は、店の表記に準じます。取材時点（2011年10月～12月）の表記であり、店の都合によって変わることがあります。

▼麺の加水率は小麦粉の状態や温度・湿度に合わせて調整することが多く、本書に記載されている数値はあくまでも目安です。

▼「塩分濃度」は、麺づくりに用いる塩水の塩分濃度を表します。

▼麺の太さを示す数値は編集部調べです。

▼材料の分量は「1食分」を基本としています。「1食分」とは、各店の「並（並盛り）」に相当します。また、だしやつゆなどまとめて仕込むことが前提で「●食分」と表示できないものは、「仕込みやすい分量」と記してあります。

▼液体の分量単位はgなど重量による表記とmℓなど容積による表記があり、取材店の計量法に準じます。

▼大さじ1は15mℓ、小さじ1は5mℓを指します。

▼一部の材料の分量や解説は省略してあります。

▼オリーブ油と表記したものはピュアオリーブ油、EVオリーブ油と表記したものはエクストラヴァージンオリーブ油を指します。

▼調理時の温度・火力・時間、材料の分量はあくまでも目安であり、厨房条件、熱源や加熱機器の種類、材料の状態により変わります。適宜調節してください。

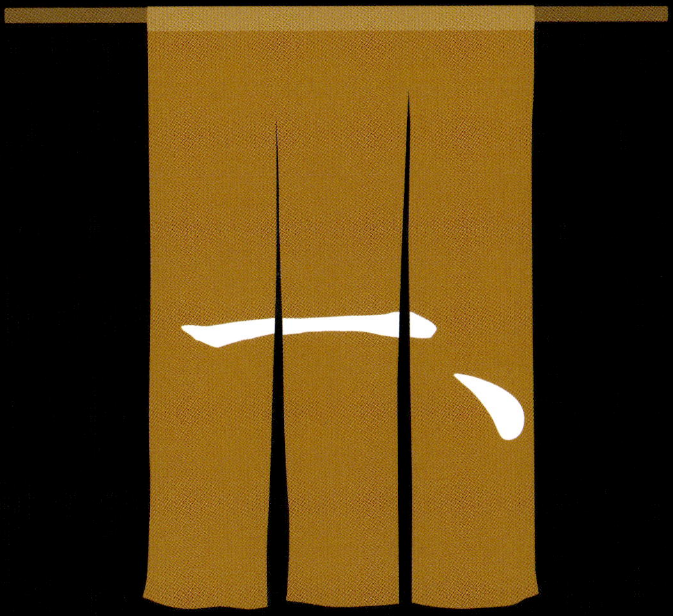

うどんの基礎

麺の材料は、小麦粉と塩水のたった2つ。
しかし、加水率によって、つやとなめらかさに違いが出るし、
足踏みと寝かせの程度でコシの強さが変わってくる。
仕上がりには地域性や職人の志向が
大きく反映するが、それはつゆも同じ。
讃岐うどんならいりこが欠かせないし、
関東ならかつお節、関西ならさば節と昆布をきかせる。
各店各様の基本の味づくり。その勘どころを探っていく。

うどんの基本の食べ方

古今東西、うどんの定番型といえるのは、もり(ざる)うどんとかけうどん。しかし、関西エリアでは、だし重視のうどん文化ゆえ、温かいつゆをたっぷりとはったかけうどんが主流。一方、いまや広く定着しているぶっかけうどんや生醤油うどんは、麺の個性が際立つ讃岐独特のもの。どのような麺を打ち、つゆを仕込むか――地域によるその違いが食べ方に影響している。

もりうどん◆手繰りや 玄治

冷

冷たいメニューの、これぞ王道。流水でしめた冷たい麺と、かけつゆよりも濃いめの冷たいつゆの組み合わせ。薬味は、ねぎやおろししょうがなどが定番。「ざるうどん」と称することもある。

生醤油うどん◆元喜

冷

麺のコシや小麦粉の風味、のどごしをダイレクトに楽しむつゆなしスタイル。「生醤油」と呼ぶが、使うのは醤油に昆布やだし節などの副材料を合わせただし醤油。すだちや大根おろしでさっぱりと食べるのが基本。

ぶっかけうどん◆谷や

冷
温

器に盛った麺に、つゆを直接かけるから「ぶっかけ」。讃岐の定番スタイルで、冷でも温でも楽しめる。いずれも、もりつゆよりは薄く、かけつゆよりは濃いつゆを使う。

釜揚げうどん ◆ 谷や

温

ゆで上げた麺を、水でしめずに湯をはった器に盛り付け、熱々の麺を熱いつけつゆに浸して食べる。麺のもちもち感が強調される食べ方だ。薬味は、ねぎ、ごま、おろししょうがなど。

釜玉うどん ◆ 七弐八製麺

温

麺と生卵をぐるぐると混ぜ、つゆや生醤油をかけて食べる。麺は水でしめず、熱々のまま使うのが鉄則。麺の熱が卵に伝わり、次第にゆるい半熟状態になる。クリーミーな口あたりが人気の理由。

かけうどん ◆ 大阪うどん てんま

温

つゆをたっぷりはって提供する温かいうどんの基本形。いりこを使う、さば節をきかせる、本節で贅沢になど、だしの違いに地域性や店の個性が出る。ねぎや海苔、かまぼこなどをあしらうのが主流。

技術指導
谷 和幸
（谷や）

気鋭の讃岐職人の技

讃岐うどん

“みずみずしいうどん”をめざし、加水率を極限まで高めた。
つやつやと輝く表面は、限りなくなめらかな口あたり。
噛めば、多加水麺ならではの弾力ある歯ごたえが頼もしい。
なめらかさとコシの強さが高レベルで共存する、ネオ讃岐うどんだ。

材料・仕込みやすい分量

国産うどん用小麦粉
（白鳳・吉原食糧） 2kg
うどん用小麦粉
（白椿マル香・日清製粉） 4kg
国産うどん用小麦粉[*1]
（吉原食糧） 700g
うどん用小麦粉
（特雀マル香・日清製粉） 500g
塩水[*2] 3.71kg

＊1 北海道産小麦と九州産小麦を季節により割合を変えてブレンドし、製粉したもの。
＊2 軟水に瀬戸内海の海水からつくる「さぬき塩 並塩」（日本海水）を溶かしたもの。
＊2 水温は、室温と同温から「室温－5℃」の間に調整。塩分濃度や加水率も室温や湿度によって調整する。

加水率	塩分濃度
51.5%	12.5%
ゆで時間	**麺の太さ（ゆで上げ）**
15〜20分	5~7ミリ×6~10ミリ

◎こね・箱踏み・寝かせ

1

小麦粉4種をたらいに順に入れて計量する。後で水がなじみやすいよう、全体を混ぜて空気を含ませる。

2

ミキサーに**1**を入れる。スイッチを入れ、撹拌をスタート。

3

塩水を加える。まず半量の塩水を加えて1分ほど撹拌し、撹拌しながら残りの塩水を加える。

4

2分ほど撹拌し、小さな粉のかたまりができてきたらミキサーを止め、内側や棒についた粉をかき落とす。

5

この時点では、生地を手で押さえるとひとつにまとまるが、表面の質感はぼそぼそとしている。

6

再び撹拌する。粉のかたまりに角がなくなり、丸みを帯びてきたら撹拌終了。目安は3〜5分。

7

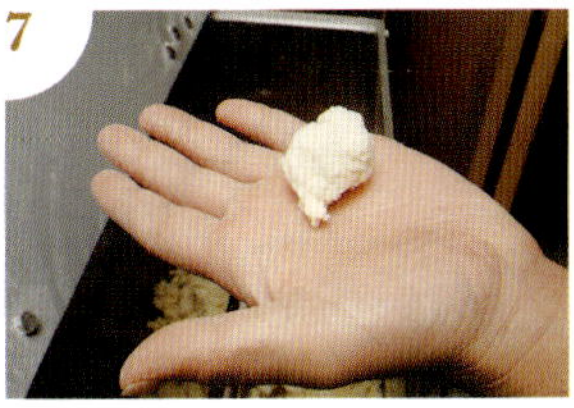

こね上がった生地の状態。握ると**5**のようなぼそぼそ感はなくなるが、表面の質感は粗く、粉っぽい。

8

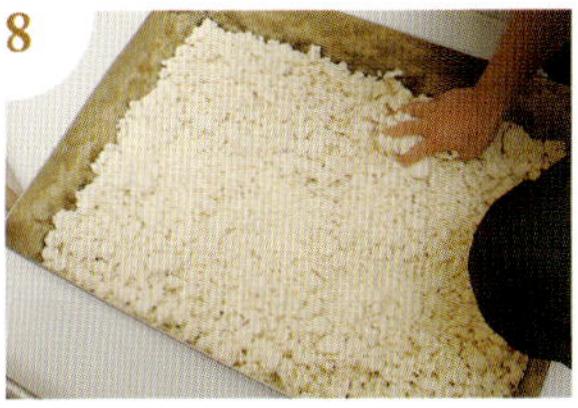

ミキサーの受け皿に生地をあけ、軽く手で表面をならして厚みを均一にする。ビニールシートをかける。

9

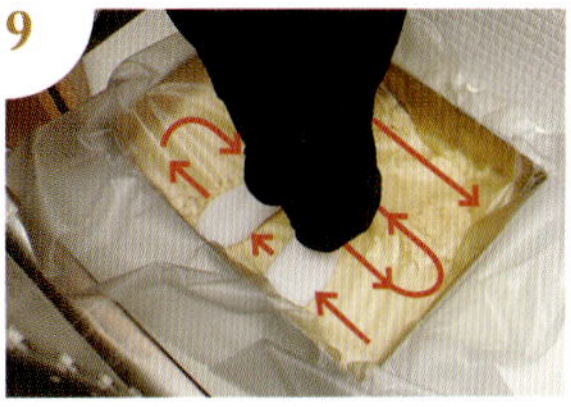

端から矢印の方向に踏んでいく。足の裏にまんべんなく体重をかけ、左右の移動は足の幅よりも小幅に。

10

体の向きを90度変え、端から矢印の方向に踏んでいく。後ろへの移動は10cm程度ずつが目安。さらに体の向きを90度ずつ変えて**9**〜**10**を繰り返し、合計4回全体を踏む。

11

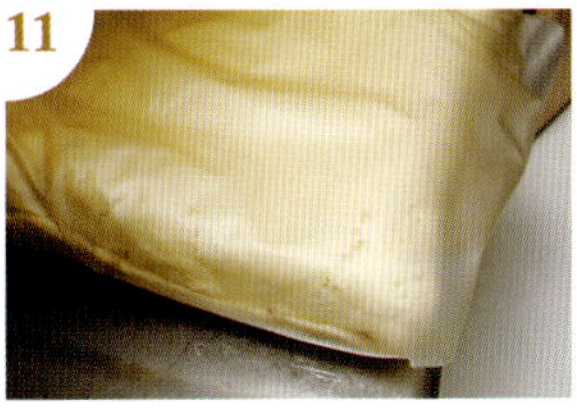

二つ折りにしてビニールシートで包み、常温で10分寝かせる。生地はつながりが弱く、もろっとしている。

◎足踏み1・寝かせ

12

11の生地をビニールシートから出して置き、再びシートをかぶせ、**9**〜**10**の要領で合計4回、全体を踏む。

13

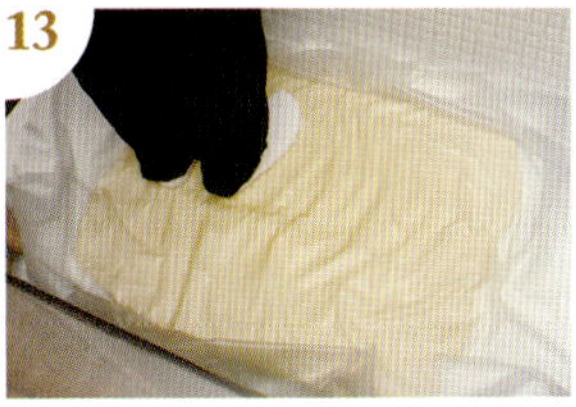

踏み終えた生地は**11**の約2倍に広がる。

14

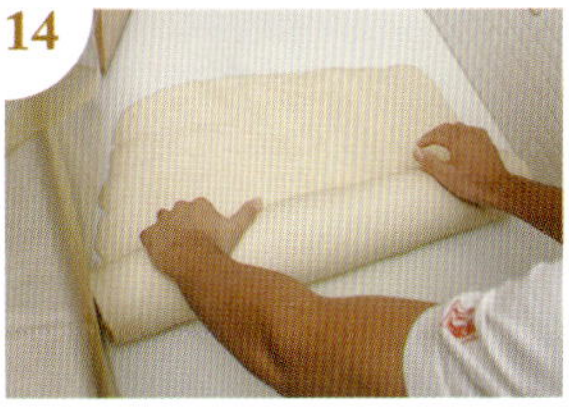

空気が入らないように巻き、ビニールシートで包んで常温で30分寝かせる。生地には粉の白い斑点が残る。

◎足踏み2〜4・寝かせ

15

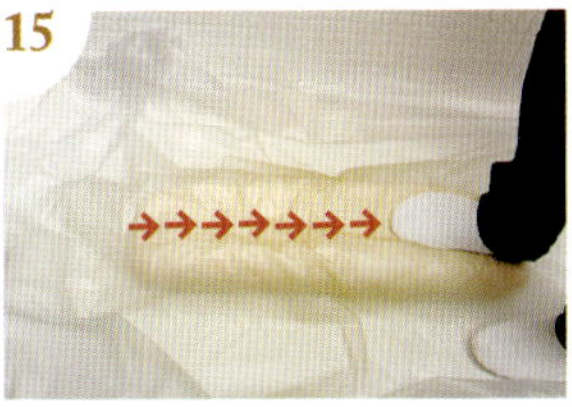

巻き終わりを下にして生地を置く。ビニールシートをかぶせ、片足で端から端まで踏んで平らにする。後ろへの移動は10cm程度ずつが目安。

16

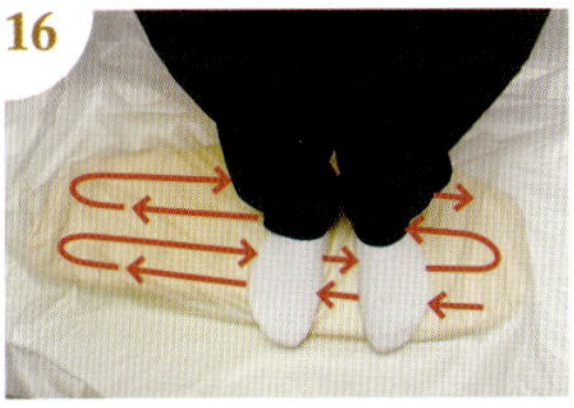

生地を横長に見る方向でのり、端から矢印の方向に小幅に踏む。全体を踏んだら体の向きを180度変え、同様に踏む。

17

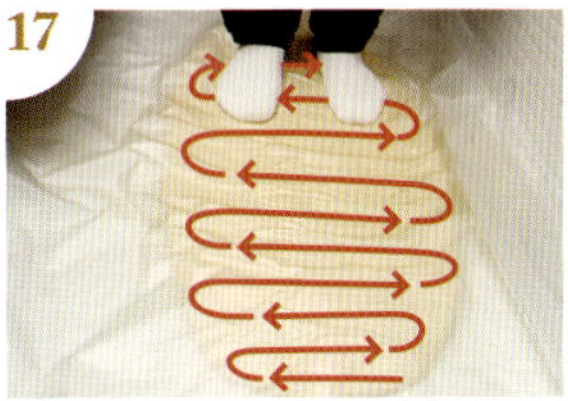

生地の幅が広がったら、今度は生地を縦長に見る方向でのり、端から矢印の方向に踏む。全体を踏んだら体の向きを180度変え、同様に踏む。

18

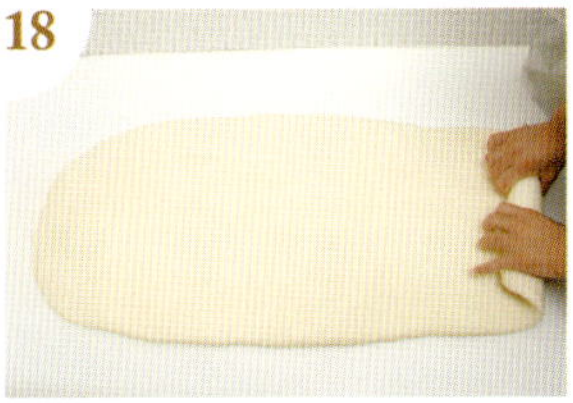

15で下にした巻き終わりを上にして置き、空気が入らないように巻く。

19

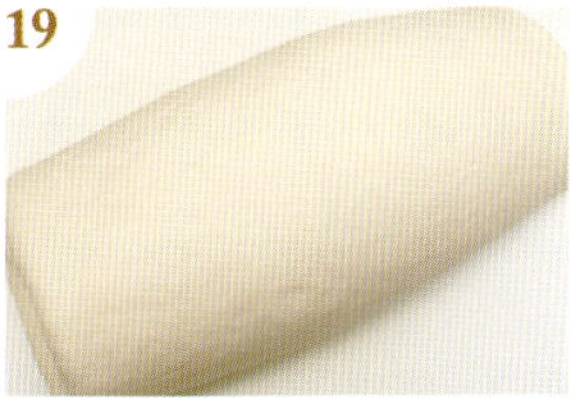

生地には**14**のような白い斑点はなく、なめらかな状態。

20

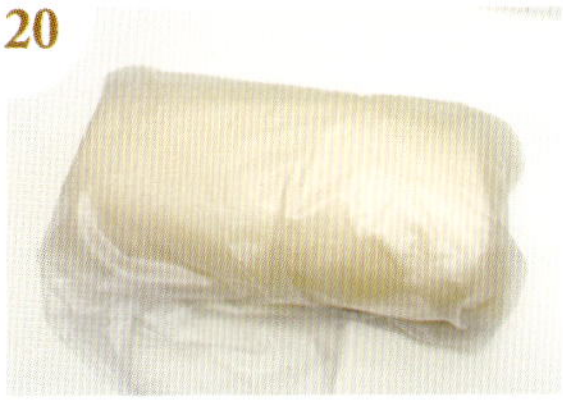

ビニールシートで包み、常温で30分寝かせる。

21

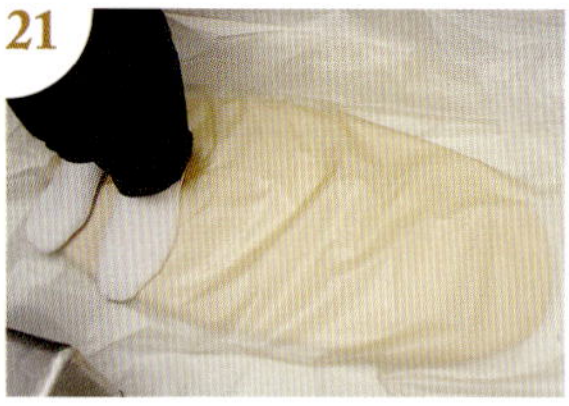

15〜18・20の作業を繰り返し、さらに**15〜18**の作業を繰り返す。（足踏み3回目・4回目）。

22

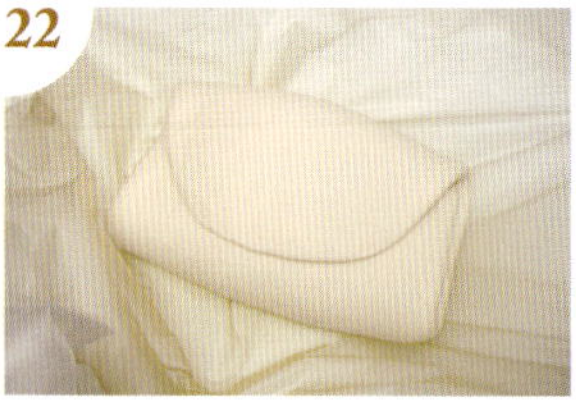

4回目の足踏み後は四つ折りにして枕型にまとめる。ビニールシートで包み、常温で30分寝かせる。

◎足踏み5・分割

23

巻き終わりを下にして置き、ビニールシートをかぶせて**15〜17**と同様に踏む。

24

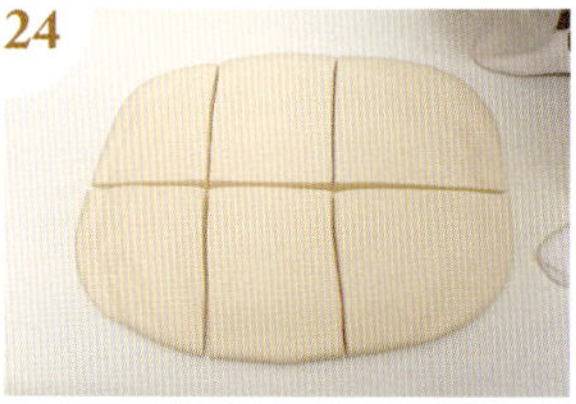

5回目の足踏みは生地を延し、形を整えるのが主な目的。厚さ約5cmになったら終了。1.8kgずつに6等分に切る。

25

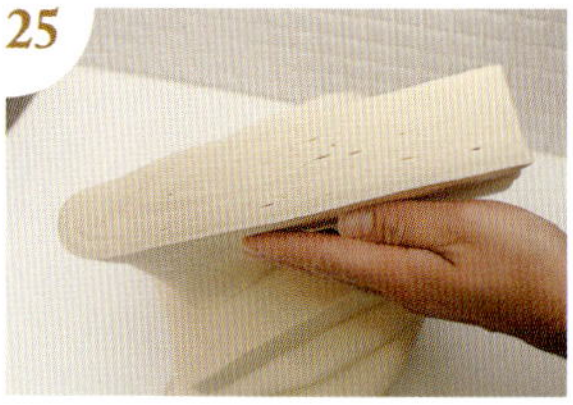

巻く→踏むの繰り返しにより、生地はパイ生地のように幾層にも重なる。讃岐うどん特有の断面だ。

◎菊もみ・へそ出し・とじ

26

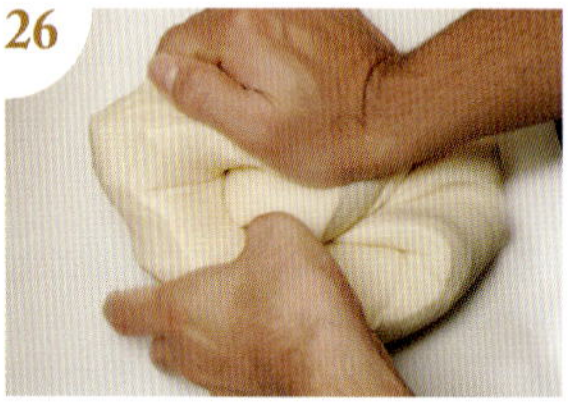

菊もみ①：25を巻き終わりを上にして置き、生地を中心に向けて折り込む。最初は生地の四隅を折り込む。

27

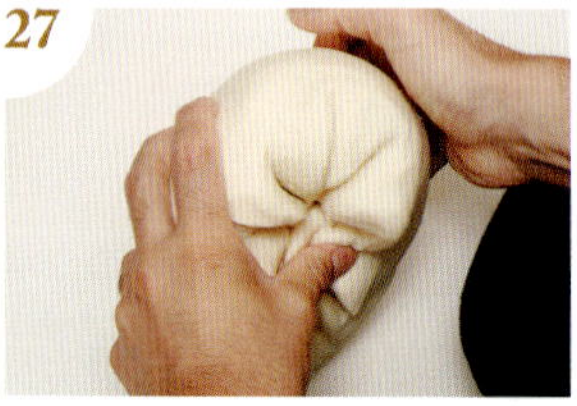

菊もみ②：折り込み後にできた角を、さらに中心に向かって折り込み、徐々に丸い団子状に整えていく。

28

へそ出し①：団子状になった生地を、割れ目を手前にして膝の間に置き、割れ目に上から手の付け根をあてる。

29

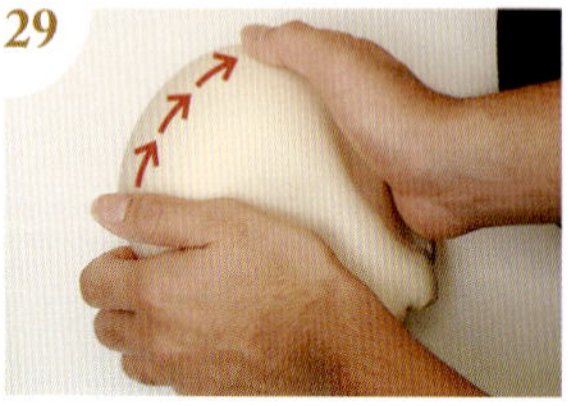

へそ出し②：少しずつ回転させながら、手の付け根に体重をかけて絞り、生地の中心部から空気を抜く。

30

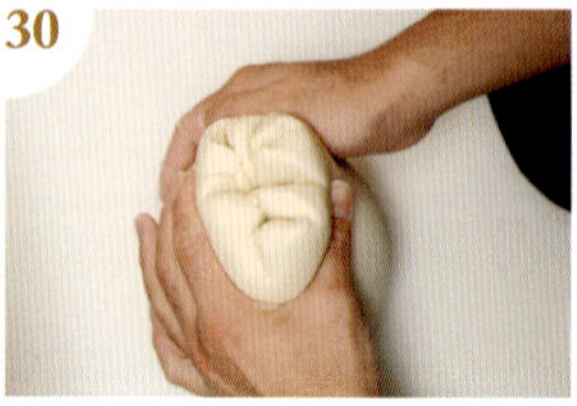

へそ出し③：口細の花瓶のような形になるまで**29**の作業を繰り返し、割れ目を中心に寄せ集める（へそ）。

31

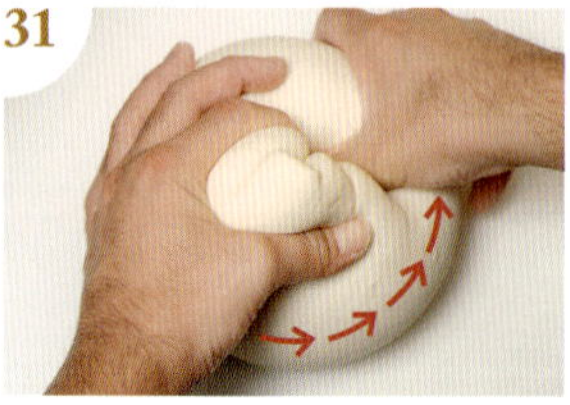

とじ①：飛び出た部分をへその中に親指で押し込む。少しずつ回転させながら繰り返し、球形にする。

32

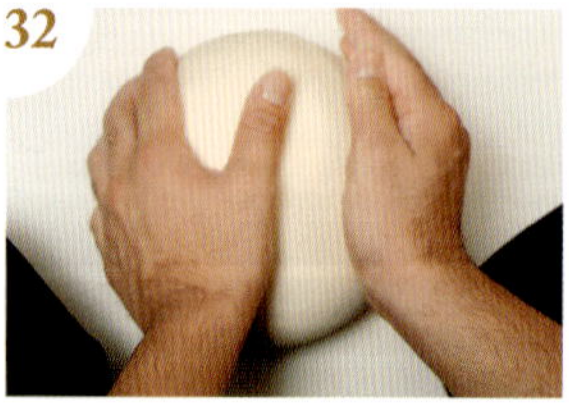

とじ②：裏返して手のひらをあて、体重をかけながら押さえて割れ目をつぶし、なめらかな団子状にする。

33

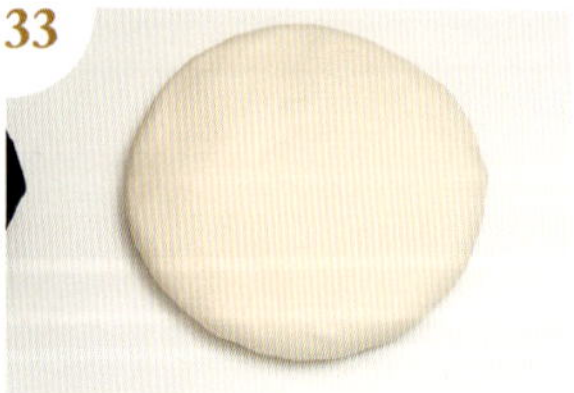

手のひらで押して平たい円盤状にする。このときの直径は30cm弱。

◎足踏み6・寝かせ

34

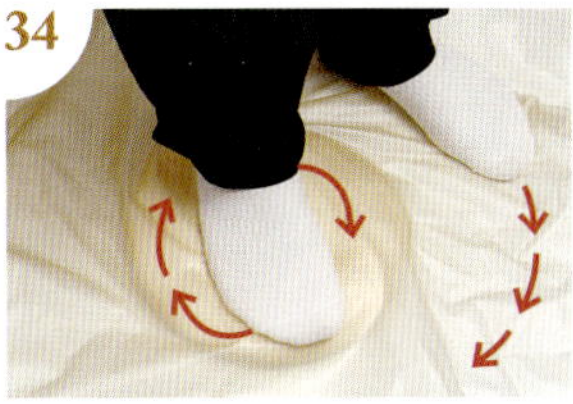

ビニールシートをかぶせて片足でのり、垂直に体重がかかるように1歩ずつ体全体で回りながら踏み広げる。

35

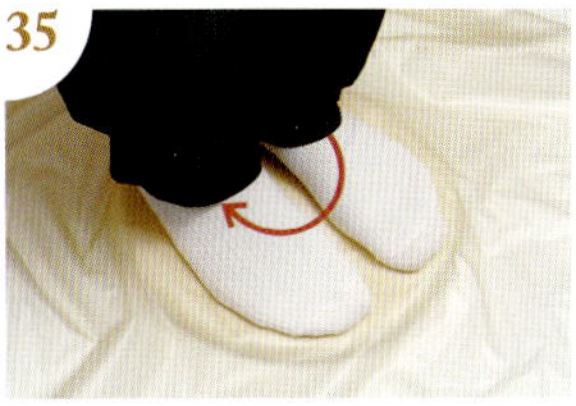

両足がのる大きさになったら、両足でのって回転しながら踏む。

36

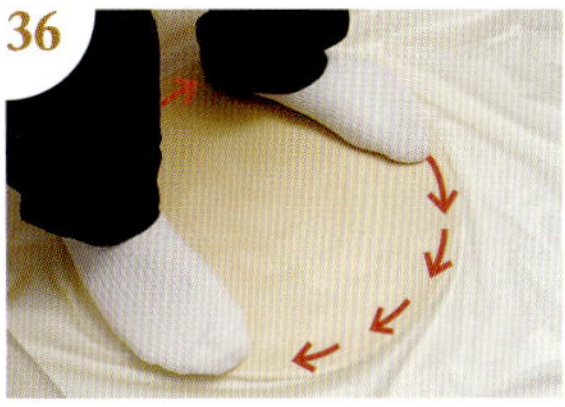

中央は厚めに残して踏み、直径約40cmになったら終了。ビニールシートで包み、常温で1時間寝かせる。

37

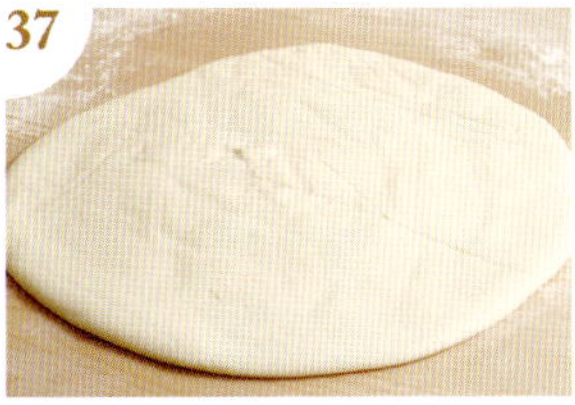

30でできた"へそ"を上にして、打ち粉をした台に置き、軽く手で押さえて平たくする。

38

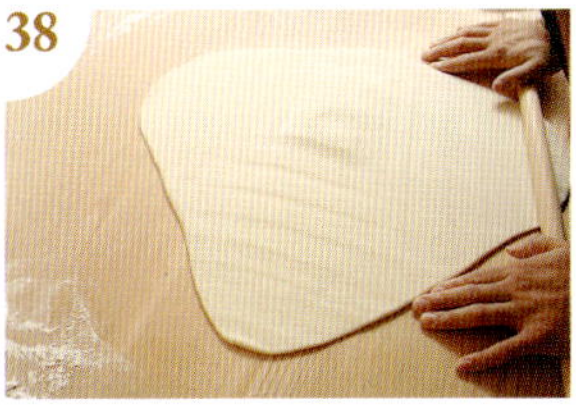

麺棒で中央から手前に延して角をつくる。生地を90度回して繰り返し、さらに90度回して繰り返し、計3つの角をつくる。

39

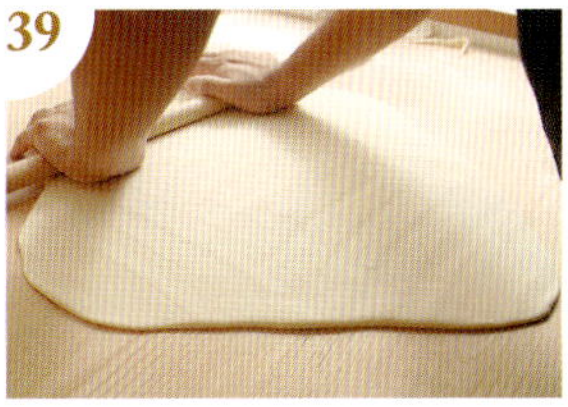

まだ延していない部分を奥にして置き、麺棒を対角線上にのせ、奥に向けて延す。生地は四角形になる。

◎延し・切り

40

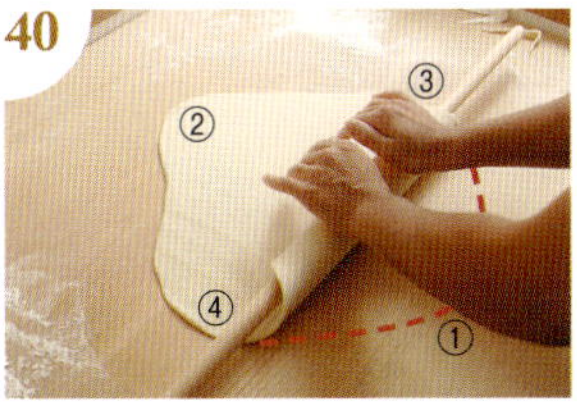

生地を手前の角から麺棒で巻き取り、**41**〜**42**の要領で延す。これを写真の①〜④の順に4方向から行う。

41

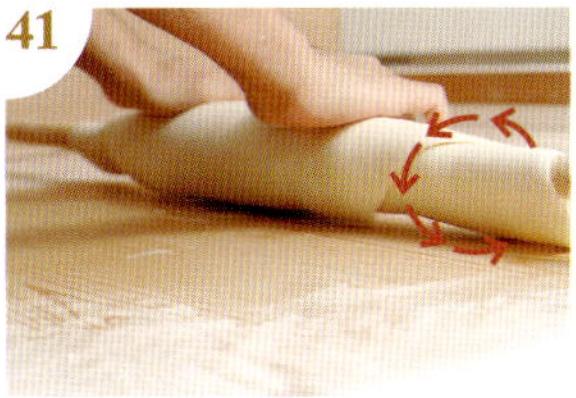

親指をのぞく4本指で麺棒をすくってわずかに浮かせ、手の付け根で台に軽く打ちつける。麺棒を少しずつ回しながら、この作業を繰り返す。

42

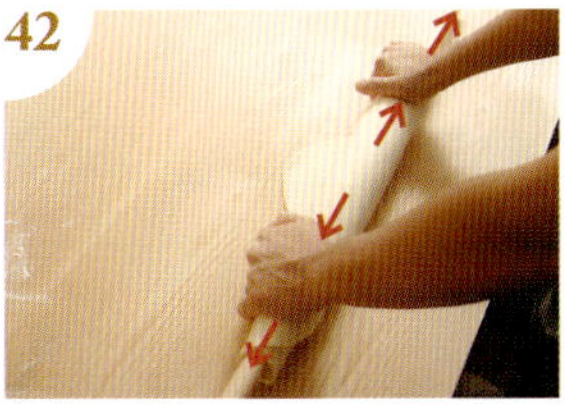

麺棒の中心から端に向って両手をスライドさせながら**41**を繰り返し、手が端まできたら終了。

43

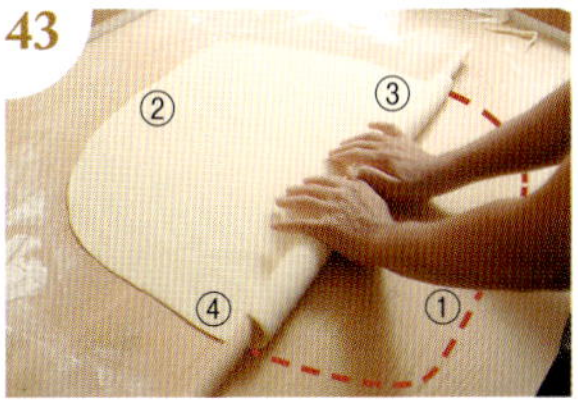

四角形の辺に平行に麺棒を置き、生地を巻く。**41**〜**42**の要領で延す。これを写真の①〜④の順に4方向から行う。

44

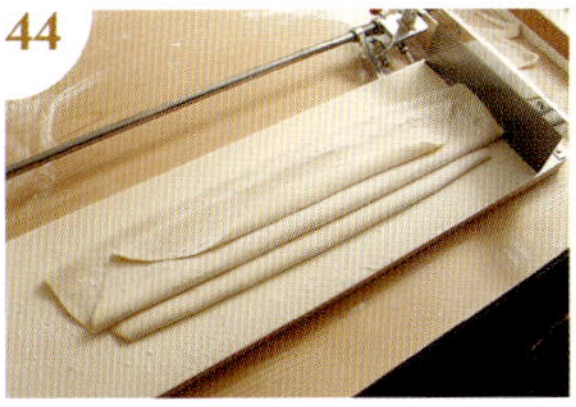

打ち粉をたっぷりとふり、あらためて生地を麺棒に巻き取る。麺切り機の上に、屏風だたみにして置く。

45

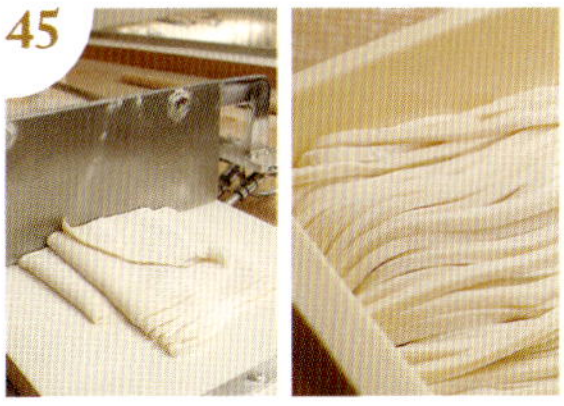

幅3〜5mmに切る。打ち粉をはらい、バットに並べ、乾燥しないように蓋をする。

POINT

足で踏んだときにやわらかく沈むけれど、ぐんと反発があるのがいいうどん。かたいだけで反発がなければ失敗です。加水量に加え、水温が低いと弾力のない生地になりがち。温度が高すぎても生地がだれてしまうので、室温と同温から「室温−5℃」の間で水温を調整しています。（谷 和幸）

材料・仕込みやすい分量

うどん用小麦粉[*1]
（白椿マル香・日清製粉） 1kg
塩水[*2] 500g

*1 オーストラリア産小麦「ASW」100%の粉を選ぶとよい。グルテンが強く、加水量やこね方が多少ブレても安定した仕上がりが得られる。
*2 軟水に瀬戸内海の海水からつくる「さぬき塩 並塩」（日本海水）を溶かしたもの。水温は12℃～17℃未満に調整する。

加水率	塩分濃度
50%	12.5%
ゆで時間	**麺の太さ（ゆで上げ）**
10～15分	5~7ミリ×6~9ミリ

気鋭の讃岐職人の技

家庭版・“手練り”讃岐うどん

香川では、うどんは家庭でも日常的につくるもの。
ここでは、少量・短時間でできる“おうちうどん”を紹介する。
ポイントは、加水の作業。練らずに混ぜて充分吸水させると、
手練りでもゴワつかず、なめらかでコシのある食感が実現できる。

◎こね

1 粉をボウルに入れて、まずは粉だけで混ぜる。このとき、手は道具のつもりで指を立てて固定し、腕全体を動かして混ぜる。→ **A**

2 分量の1/4の塩水を、細くたらしながら加え、全体を湿らせる。外側の粉を中央に集めながら**1**と同様にぐるぐると混ぜる。→ **B**

3 さらに1/4量の塩水を加え、水分がムラなく行き渡るように**1**の要領で混ぜる。

4 生地の様子を見ながら100～150mℓずつ塩水を加え、その都度**1**の要領で混ぜる。大きなダマができたら、その部分を重点的に混ぜる。手にこびりついた生地を時折こそげ落としながら混ぜ、ムラなく水分を行き渡らせる。

5 ここで生地をこねたりまとめたりせずに、我慢してひたすら**1**の要領で混ぜ続けるとコシがあり、かたくないうどんになる。粉がある程度湿り気を帯びつつも、さらさらとした砂状になるまで混ぜる。→ **C**

6 **5**の生地を手にとって握ると、すぐにかたまる。粉は充分に吸水しているが、ボウルの中の生地はさらさらとした砂状になっているのが理想の混ぜ上がり。→ **D**

7 手のひらで生地を押さえて、ひとまとめにする。このとき、ボウルの内側についた粉も生地になじませつつ、練らずに折ってまとめる。生地にはまだつながりがなく、表面には割れ目がある。→ **E**

◎足踏み1~3・寝かせ

8 足踏み1回目：箱踏み（P.10）にあたる作業。ビニール袋で包み、最初は片足で足の裏に均等に体重をかけて踏む。両足がのる大きさになったら両足でのり、隅から隅まで踏む。これを体の向きを90度ずつ変えながら計4回行う。倍の大きさになれば踏み終わり。踏み方はP.11の工程 **9**～**10**と同様。→ **F**

A

B

C

D

E

F
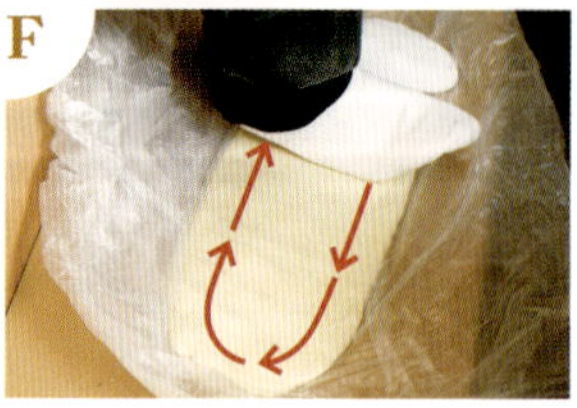

9 ロール状にくるくると巻き、空気が入らないようにビニール袋で巻いて常温で30分寝かせる。→ **G**

10 足踏み2回目：**9**で巻いた生地の巻き終わりを下にして置き、片足で踏む。平らな楕円形になったら、生地を横長に見る方向でのり、全体を踏む。体の向きを180度変えて再度全体を踏む。踏み方はP.11の工程 **15**〜**16**と同様。

11 生地を縦長に置き、ロール状に巻く。ビニール袋に包み、常温で30分寝かせる。

12 足踏み3回目：**10** 〜**11**を繰り返す。

◎足踏み4・分割・菊もみ・へそ出し・とじ

13 足踏み4回目：ここでの足踏みの主な目的は生地を広げること。**10**の要領で踏み、平らな楕円形にする。半分に切り、常温で15分寝かせる。P.12と同様に、断面は生地が幾重にも重なった層になる。

14 生地の切り口の両端を、中心に向かって折り込む。もう1枚の生地も同様にし、以降の作業も2枚並行して行う。→ **H**

15 続いて、折り込んだ部分が少しずつ重なるように回しながら生地を折り込んで団子状にする。→ **I**

16 生地の縁が寄せ集まった部分に上から手の付け根をあて、割れ目を中央に寄せるように体重をかけて絞る（P.12・工程 **28**〜**30**参照）。写真は絞り終えた状態。→ **J**

17 割れ目のまわりに飛び出た生地を親指で押し込み割れ目をとじていく（P.12・工程 **31**〜**32**参照）。写真は、割れ目をとじ終えた状態。→ **K**

18 裏返して押さえると、表面がなめらかに整う。ビニール袋に包んで常温で30分寝かせる。

19 手のひらで軽く押さえ、平たくしてから片足で踏む。平らになったら2枚重ねて、くるくる回りながら踏む。このときも、体重は足の裏全体に均等にかける。

20 厚さ1cmになったら、ビニール袋に包んで常温で10分寝かせる。→ **L**

◎延し・切り

21 麺棒を中央に置き、手前に向けて延して角をつくる。

22 生地を90度回し、**21**の要領で角をつくる。これを3回繰り返す。生地は四角形になる。→ **M**

23 手前の角から麺棒に巻き取る。体重をかけながら、手前から奥に2度転がして延す。

24 生地を90度回し、**23**と同様にする。これを3回繰り返す。生地は正方形になる。

25 正方形の辺に対して平行に麺棒をのせ、手前から巻き取る。体重をかけながら、手前から奥に2度転がして延す。

26 生地を90度回し、**25**の要領で延す。これを3回繰り返す。

27 打ち粉をたっぷりとふり、麺棒に生地を巻く。麺棒に巻いた生地をほどきながら、屏風だたみにして置く。

28 幅3mmを目安に端から切る。→ **N**

G

H

I

J

K

L
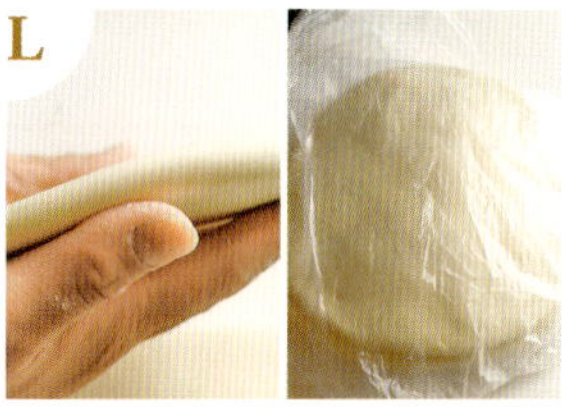

M

N

POINT

200〜300gのうどんをゆでるのなら、ゆで湯の量は3ℓが適正。ゆで湯が少ないと、麺からうまく塩気が抜けず、塩辛くなってしまいます。打ち粉はうどん粉の他、コーンスターチもおすすめ。つるりとなめらかな口あたりになりますよ。（谷 和幸）

技術指導
愛甲撤郎
（手繰りや 玄治）

そば・うどん打ち名人の技

純手打ちうどん

そば打ちの匠がつくるうどんは、水まわしから手作業。
粉と対話しながらつないでいく技は、うどんづくりにも生かされる。
見た目は線が細く、しなやかで女性的だが、
口にすると香りもコシも力強い。そのギャップが食べ手を魅了する。

材料・仕込みやすい分量

国産うどん用小麦粉
（ネバリゴシ・菅原製粉） 1.5kg

塩水 675g

加水率 45%	塩分濃度 14%
ゆで時間 6分	麺の太さ（ゆで上げ） 2.5ミリ×3.5ミリ

◎水まわし

1

小麦粉をふるいにかけて木鉢に入れ、中央を手のひらで押してくぼみをつくる。

2

くぼみに塩水を注ぐ。このとき、塩水はすべて注がず、1～2割を調整用に残しておく。

3

指を立てるようにして両手で混ぜる。次第にダマができてくる。

4

ダマの大きさは最初はまちまちだが、水分がムラなく行き渡ると揃う。

5

生地の状態を見ながら残りの塩水を加え、再び両手で混ぜ合わせる。次第にダマが大きくなる。

6

水分がムラなく行き渡ったら、生地の半量を集め、両手で鉢に押しつけるようにして丸太状にまとめる。

7

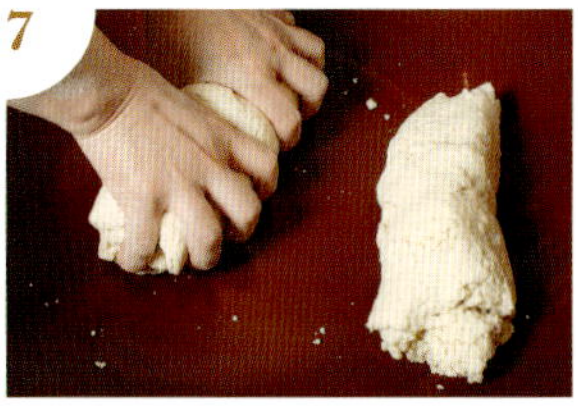

残りの生地も**6**と同様にまとめる。

8

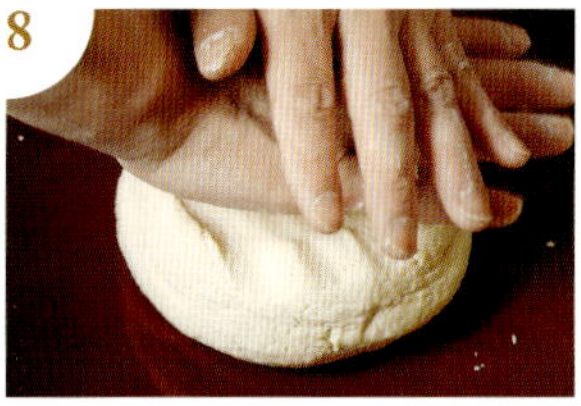

7の生地をそれぞれ鉢に立て、上から手のひらで押しつぶし円盤状にする。

◎足踏み1

9

生地が多いと踏みにくいため、**8**の生地を1枚ずつ踏む。まず、生地をビニール袋に入れる。

10

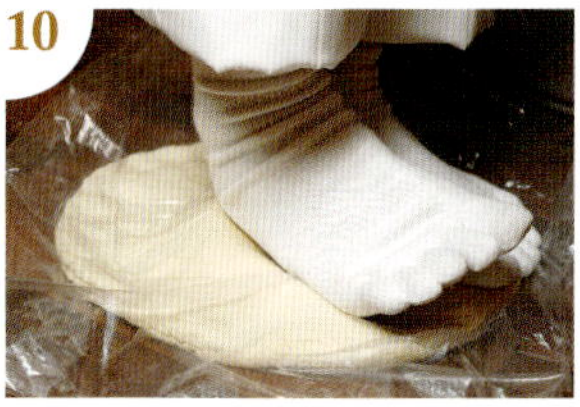

生地を踏んで広げ、両足でのる。左足でバランスをとり、右足の踵を生地の中心にあてる。

11

右足の踵を軸に、右足の外側で円を描くようにして小刻みに踏み進める。

12

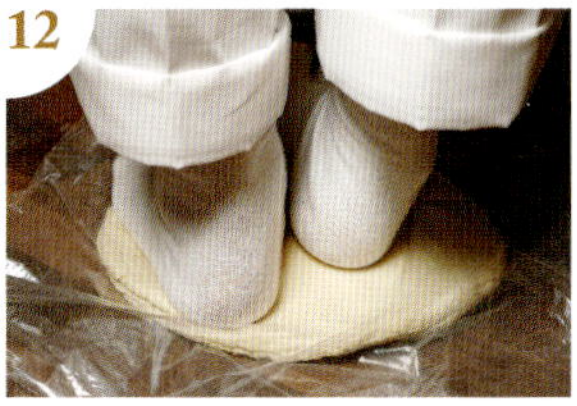

生地が広がりにくくなったら、両足の踵で生地の上を縦横に歩くようにして踏む。

13

生地が広がらなくなったら踏み終わり。目安は直径40cm、厚さ1.3cm。もう1枚の生地も、**9**〜**12**と同様にする。

◎くくり・寝かせ

14

生地2枚を木鉢に移し、重ねる。生地を折り込んで五角形にしていく。まず、手前から1/3を折る。

15

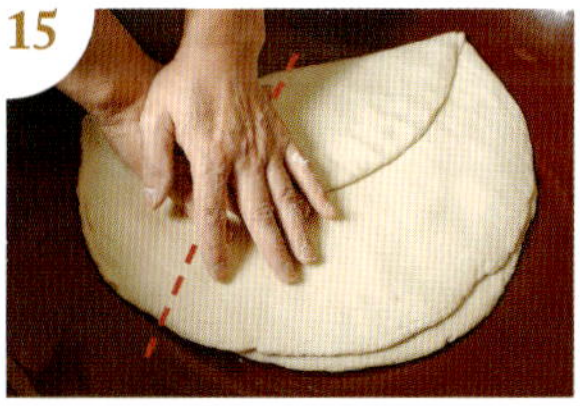

折り重ねた部分を手のひらで押し、空気を抜く。続いて、折ってできた辺の中心を基点に折る。

16

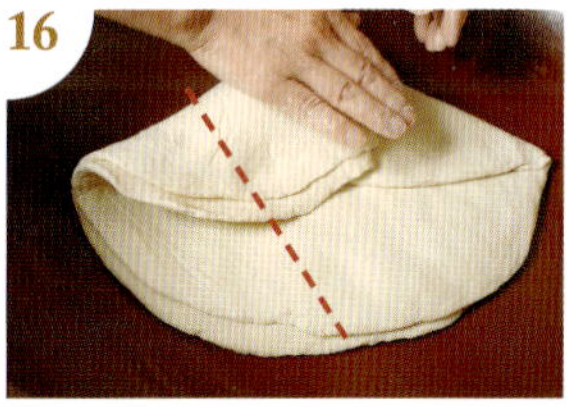

折り重ねた部分を手のひらで押し、空気を抜く。**15**で折ってできた辺の中心を基点に折る。これを繰り返す。

17

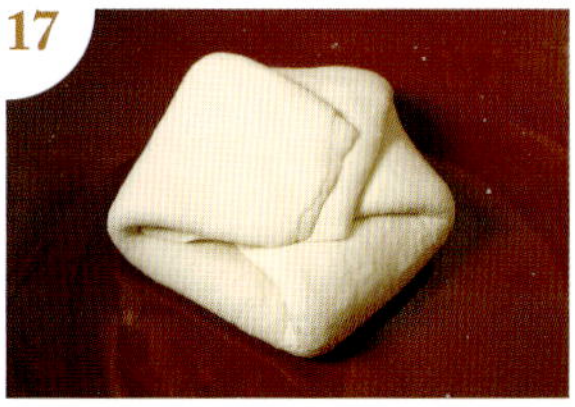

14〜**16**の要領で反時計回りに計5回折ると、写真のような五角形になる。

18

生地を折り目を下にして置き、角をそれぞれ手のひらでつぶす。

19

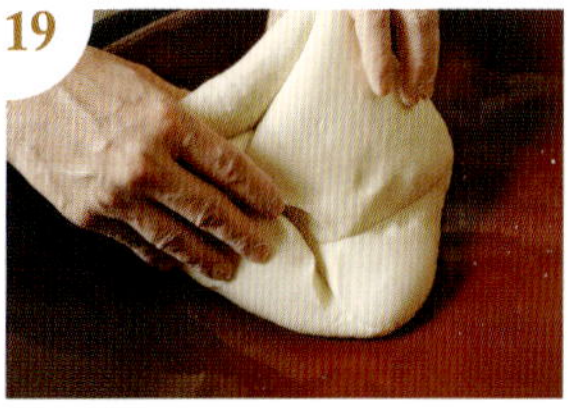

折り目側を向うにして両手で持ち、つぶした角のひとつを鉢にあてて生地を立たせる。

20

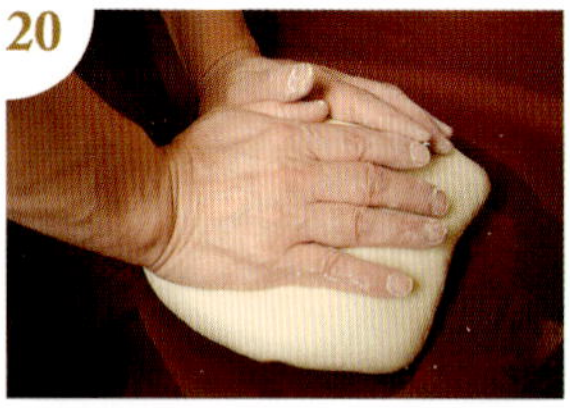

生地を向うに倒すようにして、角を中心に向かって折り込む。

21

19～20を繰り返し、すべての角を折り込む。写真は折り込み後。割れ目のように亀裂が走っている。

22

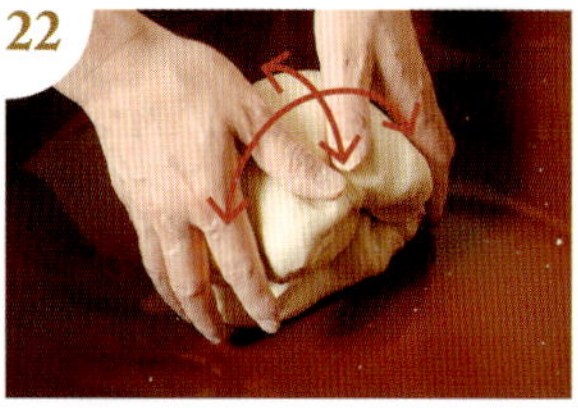

両手で包むように持ち、鉢の曲面に押しつけながら上下左右に転がし、割れ目を中央に寄せる。

23

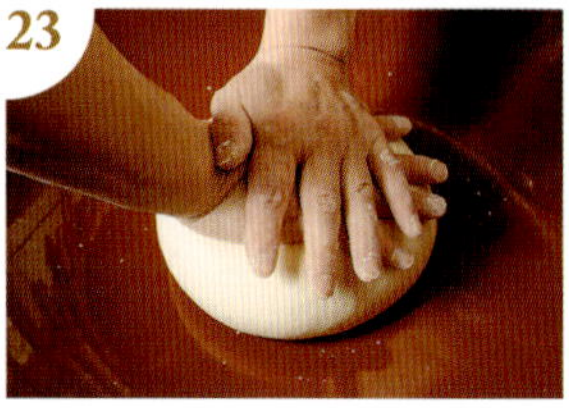

割れ目が中央に寄り、生地が球形になったら、割れ目を下にして置き、上から手のひらでつぶす。

24

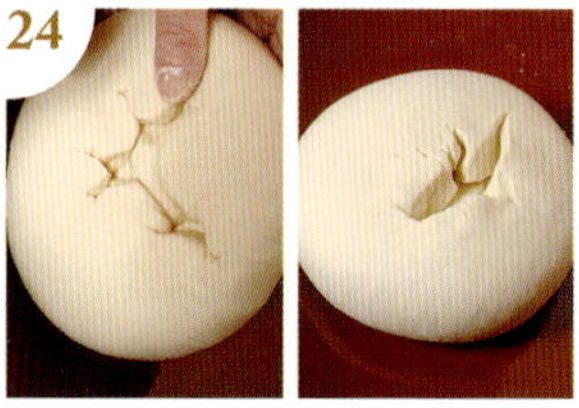

割れ目を確認する。割れ目が大きければ**22～23**を繰り返す。写真左は未完成、右は仕上がり。

25

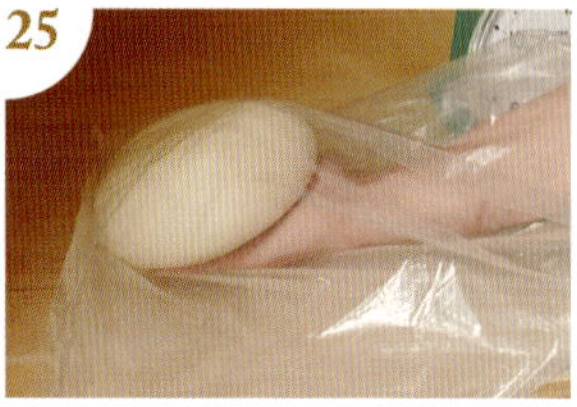

ビニール袋に入れ、常温で6時間寝かせる。

◎足踏み2・寝かせ

26

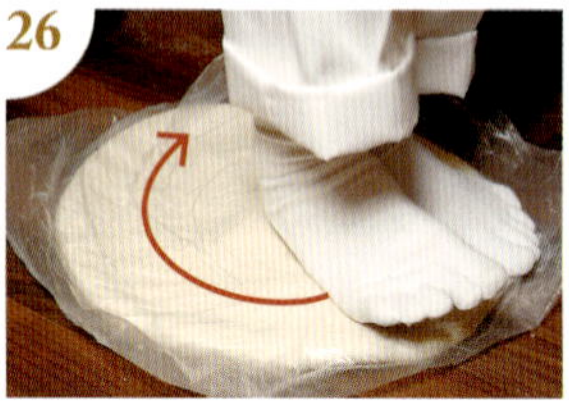

10～11の要領で足踏みする。寝かせた後の生地はやわらかいため、踵は使わず、足の外側のみで踏む。

27

生地が直径45cm、厚さ1cm程度の円盤状になったら踏み終わり。常温で18時間寝かせる。

◎延し

28

台と生地に打ち粉をし、生地を少しずつ回転させながら、ひとまわり大きく、丸く、均一な厚さに麺棒で延す。

29

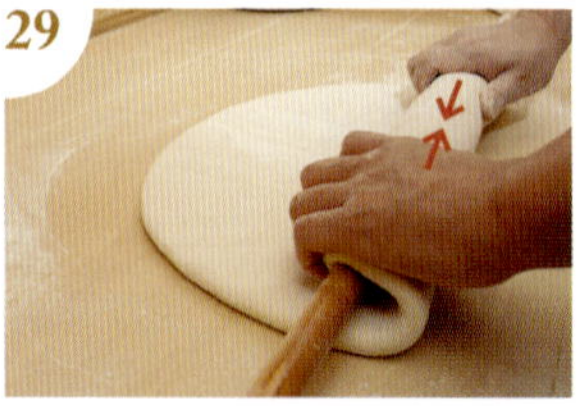

手前から半分を麺棒に巻き、麺棒の端から中心に向かって両手のひらをスライドさせながら、巻き取った部分に力をかけ、押すようにして延す。これを5回行う。

30

生地の天地を入れ替え、**29**の要領で延す。生地を広げると楕円形になる。

31

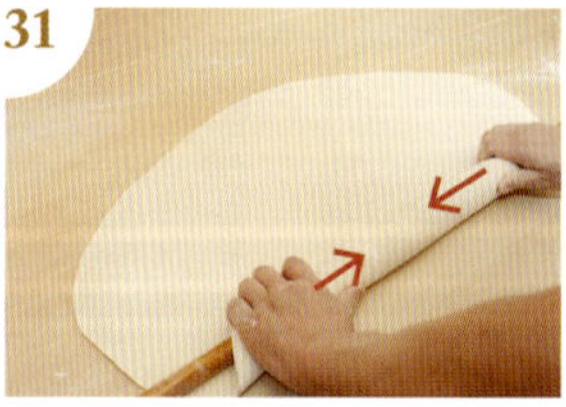

生地を横長に置き、**29**の要領で延す。

32

生地の天地を入れ替え、**29**の要領で延す。生地を広げると正方形になる。

33

生地を正面から見て正方形になるように置く。

34

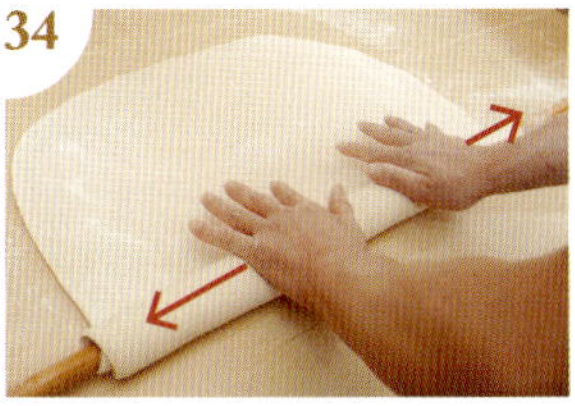

手前から半分を麺棒に巻き、今度は麺棒の中心から端に向かって両手のひらをスライドさせながら、巻いた部分に弱めに力をかける。生地の天地を入れ替えて同様に延す。

35

生地を90度回し、**34**の作業を繰り返す。生地の厚さを均一にするのが主な目的のため、何度も行う必要はない。

36

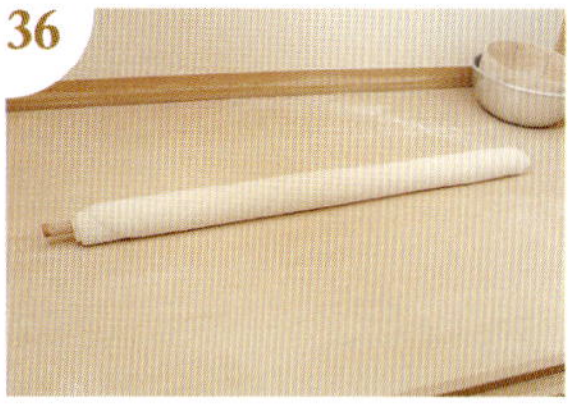

仕上がりの目安は、厚さ2mm、一辺90cmの正方形。ここで使用した麺棒（長さ約90cm）に巻くと、麺棒がほぼ隠れる。

◎切り

37

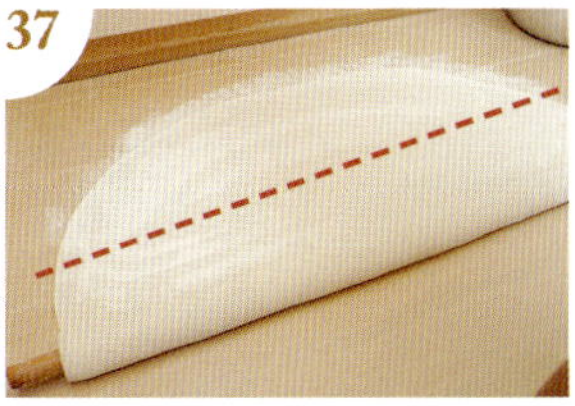

生地の半分を麺棒に巻き、残りの生地にたっぷりと打ち粉をする。打ち粉をした部分を奥に半分に折る。

38

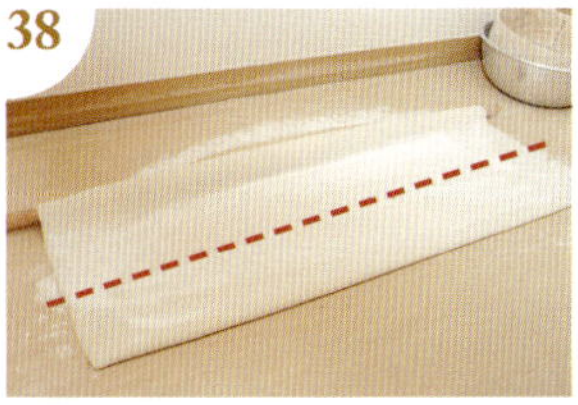

再びたっぷりと打ち粉をし、手前に半分に折る。

39

麺棒に巻いた生地をほどきながら、都度打ち粉をして折り、屏風だたみにする。

40

たたみ終えた生地。折り返しの幅は、こま板や包丁のサイズに合わせる。

41

生地にたっぷりと打ち粉をする。こま板をのせて包丁をあて、幅3mmに切り揃える。

42

切り損ないがないかを確認しながら広げていく。

43

束にして持ち上げ、打ち粉をふるい落とす。

44

半分の長さに切り、再び切り損ないがないかを確認する。

45

バットに並べ、乾燥しないように蓋をする。

POINT

ゆで上げたときに割り箸ほどの太さになるのが理想。つゆがよくからむからです。ただし、粉によってはその太さだと風味や食感がもの足らないケースがあります。新しい粉を試すときは、さまざまな太さに切ってゆで、塩が抜けた状態にしてから試食し、ベストな太さを探しています。（愛甲撤郎）

そば・うどん打ち名人の技

純手打ち・練り込みうどん（笹うどん）

そばなら茶そばやゆず切り、中華麺なら翡翠麺など、麺料理には変わり麺がつきもの。色鮮やかで目でも楽しめるのがその魅力。材料次第では季節感も演出できる。ここでは笹の粉末を練り込んだ、夏向けの涼やかな一品を紹介する。

材料・仕込みやすい分量

うどん用小麦粉
（ひみこの郷・日辰）　1kg
笹の粉末　20g
塩水　470～480g

加水率	塩分濃度
47~48%	14%
ゆで時間	麺の太さ（ゆで上げ）
3分	2ミリ×3ミリ

◎水まわし

1 小麦粉をふるいにかけて木鉢に入れ、笹の粉末を加えて手でよく混ぜる。→A

2 中央を手のひらで押してくぼみをつくり、そこに塩水を注ぐ。このとき、塩水はすべて注がず、1～2割を調整用に残しておく。→B

3 指を立てるようにして両手で混ぜる。最初は白っぽいが、水分が浸透するにつれ、徐々に緑色に染まる。小さなダマができてきたら残りの塩水を加え、再び両手で混ぜ合わせる。→C

4 水分がムラなく行き渡ったら生地を集め、両手で鉢に押しつけるようにして丸太状にまとめる。→D

5 **4**の生地を鉢に立て、上から手のひらで押しつぶし、円盤状にする。

◎足踏み1

6 生地をビニール袋に入れ、両足がのる大きさに踏み広げる。

7 生地に両足でのる。左足でバランスをとり、右足の踵を中心にあて、右足の外側で円を描くように小刻みに踏む。

8 生地が広がりにくくなったら、両足の踵で縦横に歩くようにして踏む。生地が広がらなくなったら踏み終わり。目安は直径30cm、厚さ1.3cm。

◎くくり・寝かせ

9 木鉢に移し、折り込んで五角形にしていく（P.17・工程**14～17**参照）。まず、手前から1/3を折る。

10 折り重ねた部分を手のひらで押し、空気を抜く。続いて折ってできた辺の中心を基点に折る。これを繰り返し、**9～10**で反時計回りに計5回折ると五角形になる。→E

A

B

C

D

E

F

11 生地を折り目を下にして置き、角をそれぞれ手のひらでつぶす。

12 折り目側を向うにして両手で持ち、つぶした角のひとつを鉢にあてて立たせる。向うに倒すようにして、角を折り目の中心に向かって折り込む。

13 **12**を繰り返し、すべての角を折り込む。写真は折り込みを終えた状態。割れ目のように亀裂が走っている。→ **F**

14 両手で包むようにして持ち、鉢の曲面に押しつけながら上下左右に転がし、割れ目を中央に寄せる。

15 割れ目が中央に寄り、生地が球形になったら、割れ目を下にして置き、手のひらでつぶす。

16 割れ目を確認する。割れ目が大きければ**14**～**15**を繰り返す。写真は仕上がり。ビニール袋に入れ、常温で6時間寝かせる。→ **G**

◎足踏み2・寝かせ

17 **7**の要領で足踏みする。寝かせた後の生地はやわらかいため、踵は使わず、足の外側のみで踏む。→ **H**

18 生地が直径40cm、厚さ1cm程度の円盤状になったら踏み終わり。常温で18時間寝かせる。

◎延し

19 台と生地に打ち粉をし、生地を少しずつ回転させながら、ひとまわり大きく、丸く、均一な厚さに麺棒で延す。

20 手前から半分を麺棒に巻く。棒の端から中心に向かって両手のひらをスライドさせながら、巻き取った部分に力をかけ、押すようにして延す。これを5回行う。→ **I**

21 生地の天地を入れ替え、**20**の要領で延す。生地を広げると楕円形になる。→ **J**

22 生地を横長に置き、**20**の要領で延す。

23 生地の天地を入れ替え、**20**の要領で延す。生地を広げると正方形になる。

24 生地を正面から見て正方形になるように置く。手前から半分を麺棒に巻き、今度は麺棒の中心から端に向かって手のひらをスライドさせながら、巻き取った部分に弱めに力をかける。生地の天地を入れ替えて同様に延す。→ **K**

25 生地を90度回し、**24**の作業を繰り返す。この作業は生地の厚さを均一にするのが主な目的で、何度も行う必要はない。仕上がりの目安は、厚さ1.5mm、一辺75cmの正方形。→ **L**

◎切り

26 たっぷりと打ち粉をしながら、生地を屏風だたみにする。折り返しの幅は、こま板と包丁のサイズに合わせる。→ **M**

27 生地にたっぷりと打ち粉をする。こま板を置いて包丁をあて、幅2mmに切り揃える。→ **N**

28 切り損ないがないかを確認しながら広げ、束にして持ち上げて打ち粉をふるい落とす。

29 半分の長さに切り、再び切り損ないがないかを確認し、バットに並べ、乾燥しないように蓋をする。

POINT

副材料を練り込んだうどんを打つときは、小麦粉選びが重要です。副材料の香りや味、色が損なわれないような銘柄を選びましょう。たとえば、笹うどんの場合、国産小麦のような茶色っぽい粉を使うときれいな緑色に染まりません。また、水まわしは手際よく、まんべんなく混ぜるのも色よく仕上げるポイントです。（愛甲撤郎）

G

H

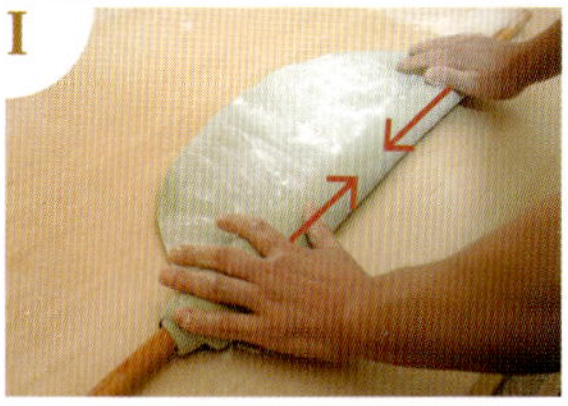
I

J

K

L

M

N

人気店の麺総覧

＊工程内の手は手作業、足は足踏み、歯車は機械による作業。

◎にはち

手打ちでつくる細打ち麺。
“切り”の後の“寝かせ”で
粉っぽさゼロのしっとり肌に

水まわし・まとめ（手）
↓
寝かせ
常温・2時間
↓
足踏み（足）
↓
寝かせ
常温・3～4時間
↓
延し・切り（手）
↓
寝かせ
冷蔵庫5℃・1晩

材料・仕込みやすい分量

国産うどん用小麦粉（北海道産）　1.5kg
塩水＊　675～750g
＊軟水に瀬戸内海の塩を溶かしたもの。

加水率	45~50%	塩分濃度	8~10%
ゆで時間	5~7分	麺の太さ（ゆで上げ）	2ミリ × 4ミリ

◎元喜

北海道産と九州産の
国産小麦2種をブレンド。
2度の熟成が生む強靭なコシ

ミキシング（機械）
↓
寝かせ
熟成庫28℃・2時間
↓
プレス（機械）
↓
寝かせ
熟成庫18℃・16時間
↓
延し・切り（機械）

材料・仕込みやすい分量

国産うどん用小麦粉（北海道100・昭和産業）
国産うどん用小麦粉（ちっご祭り・太陽製粉）　計8kg
塩水＊　3.52kg
＊軟水に塩「46億年の塩」（大和製作所）と、小麦粉に対して1%（ここでは80g）のうどん用酢「サプライズ」（大和製作所）を溶かしたもの。水温は15℃に調整。

加水率	44%	塩分濃度	15~16%
ゆで時間	7分前後＊	麺の太さ（生麺）	3ミリ × 5ミリ

＊メニューによって異なる。

◎あんぷく

機械式プレス+足踏み――
ダブルの“圧”でコシを出す。
アレンジがきく素朴な風味

ミキシング（機械）
↓
足踏み（足）
↓
プレス（機械）
↓
寝かせ
常温・1晩
↓
延し・切り（機械）

材料・仕込みやすい分量

うどん用小麦粉（真麺許皆伝・日清製粉）　8.3kg
塩水　3.65～3.8kg

加水率	44~46%	塩分濃度	14%
ゆで時間	10~12分	麺の太さ（ゆで上げ）	4ミリ × 6ミリ

◎辨慶 西京極店

製麺業者と二人三脚で開発。
丸みのある細打ち麺は、
つるりとやさしい口あたり

ゆで時間	温める程度＊	麺の太さ（ゆで上げ）	2.5ミリ × 4ミリ

＊麺は「ヤマサン食品」に仕様書発注。ゆでた状態で仕入れている。

機械打ちの基本プロセス　技術指導・岡田 望（味噌煮込罠）

材料・仕込みやすい分量

うどん用小麦粉
（真麺許皆伝・日清製粉）
7.1kg
水　3.23kg

ミキシング

製麺機のミキサーに小麦粉と水を入れ、水分がムラなく行き渡り、生地がまとまるまで20分ほどミキシングする。

プレス

約900gに分割し、製麺機のプレス機能を使ってプレスし、円筒状にする。生地の両端を持ち、引っぱってのばし、半分の長さに折る。再びプレスし、円筒状にする。

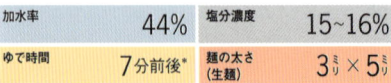

◎七弐八製麺

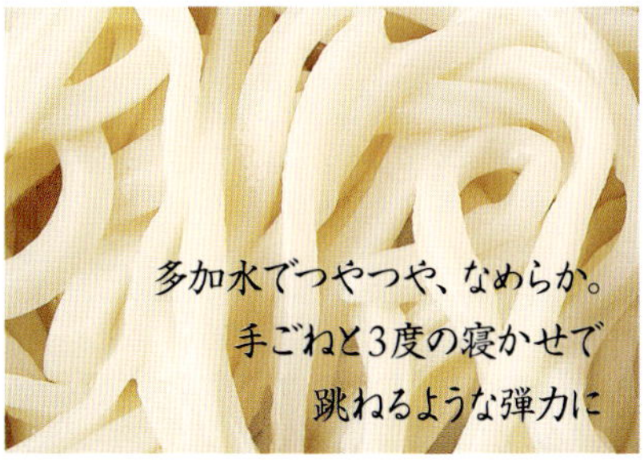
多加水でつやつや、なめらか。
手ごねと3度の寝かせで
跳ねるような弾力に

材料・仕込みやすい分量

うどん用小麦粉　1kg
塩水*　520g
*軟水に天然海塩を溶かしたもの。

加水率	52%前後	塩分濃度	15%前後
ゆで時間	13分前後	麺の太さ（ゆで上げ）	4ミリ×5ミリ

ミキシング・プレス
↓
寝かせ
常温・30分前後
↓
プレス
↓
寝かせ
常温・40〜60分前後
↓
こね
↓
寝かせ
常温・20分
↓
延し・切り

◎博多あかちょこべ

小麦粉に胚芽をブレンドした
その名も"古式胚芽うどん"。
でんぷん配合で食感も個性的

材料・仕込みやすい分量

うどん用小麦粉（中力粉）　7.2kg
でんぷん　800g
小麦胚芽　300g
塩水　4ℓ

加水率	48%	塩分濃度	10%
ゆで時間	2分30秒〜5分	麺の太さ	2ミリ×5ミリ

ミキシング
↓
プレス
↓
寝かせ
冷蔵庫5℃・1日
↓
プレス
↓
延し・切り

◎味噌煮込罠

ぐつぐつ煮てもだれない、
「塩分濃度0%」「寝かせ0時間」で
つくる味噌煮込み専用麺

材料・仕込みやすい分量

※材料と工程は下記参照。

加水率	45.5%	塩分濃度	0%
ゆで時間	下ゆで 3〜4分 煮込み 2分30秒〜3分	麺の太さ（ゆで上げ）	3.5ミリ×6ミリ

ミキシング
↓
プレス
↓
ベンチタイム
常温・10〜20分
↓
延し・切り

◎大阪うどん てんま

純白でしなやかなフォルム。
低温長時間熟成で
うまみをぐっと引き出す

材料・仕込みやすい分量

うどん用小麦粉（白椿・日清製粉）　2kg
塩水*　900g
*軟水に天然海塩を溶かしたもの。

加水率	45%	塩分濃度	10%
ゆで時間	8〜9分	麺の太さ（ゆで上げ）	4ミリ×5ミリ

ミキシング
↓
足踏み
↓
寝かせ
冷蔵庫18℃・1日
↓
延し・切り

味噌煮込罠の麺の材料は、小麦粉と水のみ。足踏みに相当するプレス機能を備えた製麺機で、一連の製麺作業を行う。もっとも、すべてを機械に頼ることはできない。加水やミキシングの見極めなど、職人の技と勘が安定した品質を生む要だ。

ベンチタイム

打ち粉をし、ビニール袋に入れて常温に10〜20分おく。

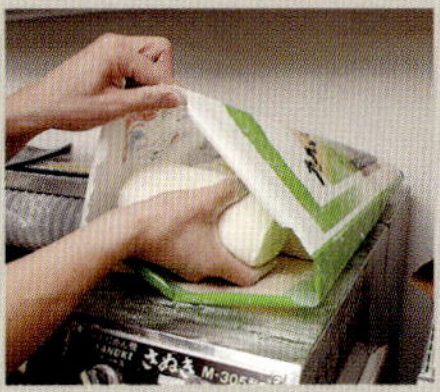

延し

両手でつぶして平たくし、打ち粉をする。製麺機のローラーに通し、向きを変えて再びローラーに通す。設定した厚さ（3mm）になるまで、これを繰り返す。

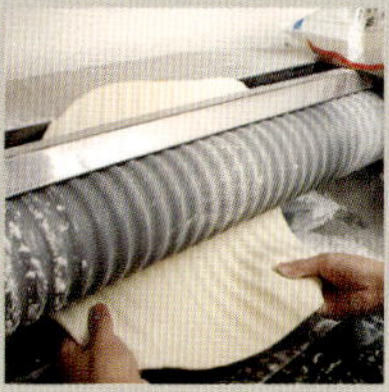

切り

生地に打ち粉をし、製麺機のカッターに通せるように天地を折る。設定した幅（6mm）に切り揃える。

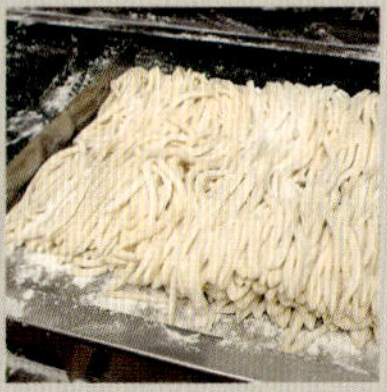

技術指導
岩崎良蔵
（元喜）

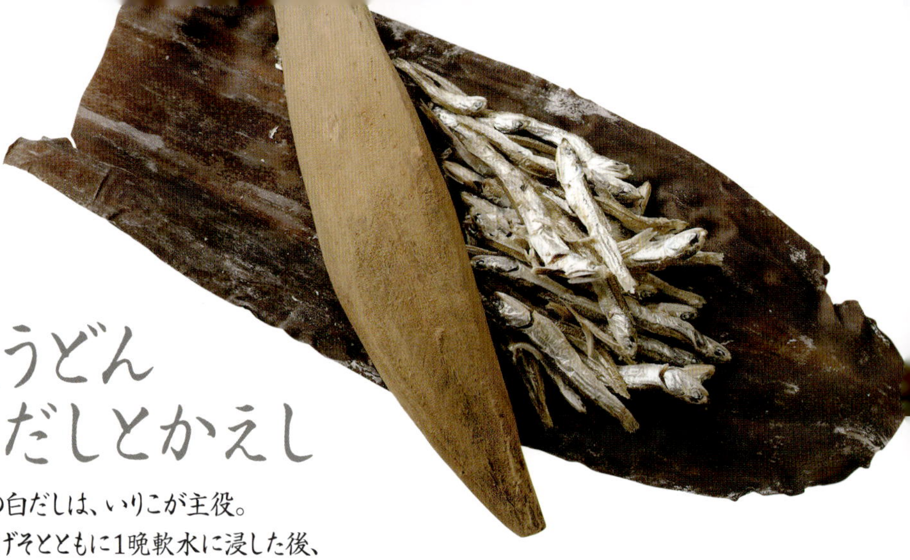

讃岐うどん 白だしとかえし

讃岐うどんの白だしは、いりこが主役。
昆布やいかげそとともに1晩軟水に浸した後、
複数の雑節と本節の味を重ねていく。
85℃をキープして煮出すのが、うまみだけを引き出すコツ。
かえしは、日本酒、ワイン、みりんがベースの甘みかえしと、
醤油と乾物でつくる辛みかえしの2種。
いずれも1週間寝かせてから使う。

◎だし

材料・仕込みやすい分量

真昆布　320g
いかげそ（乾燥）　122g
いりこ　917g
宗田節　188g
さば節　188g
うるめ節　151g
かつお本節　226g
水（軟水）　42ℓ

1

真昆布といかげそは計量し、それぞれだし袋に入る大きさに手で割ったり、はさみで切ったりする。ともにだし袋に詰める。

2

いりこを計量し、**1**とは別のだし袋に詰める。

3

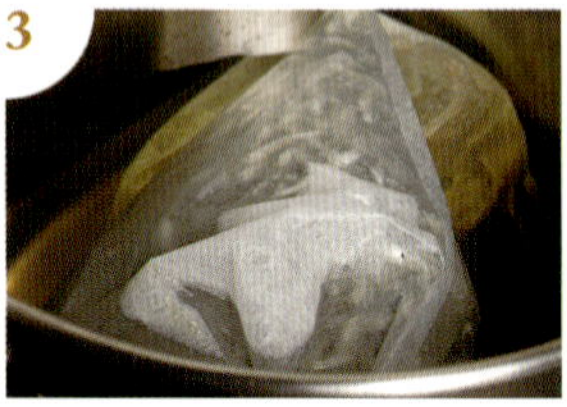

寸胴に水をはり、**1**と**2**のだし袋を加えて16時間おく。

4

寸胴を強火にかける。次の作業を3回行う。だし袋をトングで掴み、寸胴の縁に沿って20回回す。

5

表面にアクが浮いてきたら、ていねいに取り除く。アクは、湯温が50〜70℃のときに出やすい。

6

湯温が85℃になったらだし袋を2つとも取り出す。

7

寸胴の上に漉し器をかまし、取り出しただし袋をのせ、袋の中のだしを漉す。

8

宗田節、さば節、うるめ節をだし袋に詰め、寸胴に入れる。

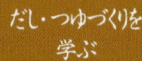

9

いったん湯温が下がるので、火力を上げて85℃を保つようにする。次の作業を3回行う。**8**のだし袋をトングで掴み、**4**の要領で20回回す。

10

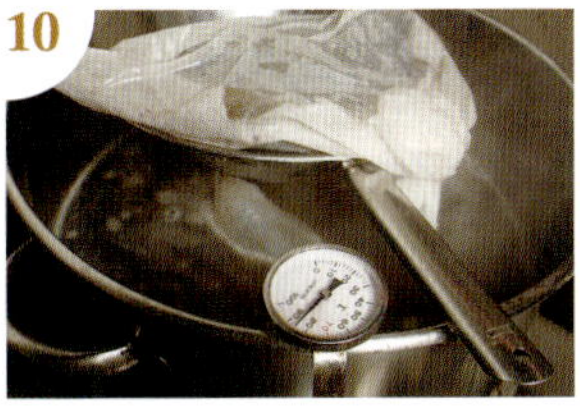

湯温は85℃を保つこと。煮出す時間は、**8**のだし袋投入から5分。

11

かつお本節をだし袋に詰め、寸胴に入れる。**8**のだし袋投入から2分後にこの作業を行うと、2つのだし袋を取り出すタイミングが揃う。

12

再び湯温が下がるので、火力を上げて85℃を保つようにする。次の作業を3回行う。**11**のだし袋をトングで掴み、**4**の要領で20回回す。

13

湯温は85℃を保つこと。煮出す時間は**11**のだし袋投入から**3**分。

14

だし袋をすべて取り出し、**7**の要領で袋の中のだしを漉す。

◎かえし

甘みかえし

材料・仕込みやすい分量

赤ワイン　1120g
白ワイン　1750g
日本酒　9450g
みりん　13800g

1 寸胴にすべての材料を入れ、強火で沸かしてアルコール分を飛ばす。ライターで火をあてて、アルコール分が残っていないか確認する。残っていなければ完成。粗熱をとり、冷蔵庫に入れ、1週間寝かせてから使用する。

辛みかえし

材料・仕込みやすい分量

真昆布　800g
干し椎茸　600g
薄口醤油　24ℓ

1 真昆布と干し椎茸は、寸胴に入る大きさにそれぞれ手で割ったり、はさみで切ったりする。

2 薄口醤油を入れた寸胴に**1**を加え、弱火にかける。加熱時間の目安として、煮始めの水位を測っておく。

3 水分が蒸発し、水位が5%下がったら火からおろす。昆布と椎茸を入れたまま常温で1週間寝かせてから使用する。

POINT

大量に仕込むときは、だし袋が便利です。削り節やいりこを漉し取るのは重労働ですが、その作業負担をだいぶ軽減できます。ただし、袋に詰めると湯の中で材料が自由に動けなくなります。トングで袋を掴み、湯の中を泳がせるのは、その動きを補うためです。(岩崎良蔵)

讃岐うどん　つゆ

白だしと2種のかえしがあれば、
配合の変化とちょっとした副材料で
何パターンものつゆに展開できる。
温かいかけつゆは飲み干せる濃度、
冷たいつゆはガツンとくる味、
釜揚げはゆで時間が短く
麺の塩気が強いから甘めのつゆなど、
食べ方に合わせて味づくりは慎重に。

つゆの展開方法の考え方

1、つゆづくりの流れ

「元喜」では、仕込んだ白だしを5種のうどんつゆと、天つゆ、おでんつゆに展開。まず白だしの1/3量を使って、温ぶっかけつゆ、冷ぶっかけつゆ、ざるつゆ、釜揚げつゆの4種類をつくり、続いて残りの白だしの全量で、もっとも使用量の多いかけつゆを仕込む。うどんつゆをつくり終えたら、温ぶっかけつゆとかけつゆを使って、天つゆとおでんつゆをつくる。

2、分量の計算方法

温ぶっかけ、冷ぶっかけ、ざる、釜揚げの4種のつゆは、それぞれ白だしと2種のかえしの合計値を仕込み量とし、きりのよい数値に設定。その量に対して、ザラメや三温糖などの調味料の分量を決めている。また、それらのつゆに使う白だしは、寸胴からボウルや手鍋に分け取り、皿秤で計量するため、単位は「g」。一方、かけつゆには大量の白だしを使い、寸胴から計量カップに移して計量するため、単位は「ℓ」としている。

温ぶっかけつゆ
やや甘みをきかせて

材料・仕込みやすい分量

白だし＋かえし　計6000g
- 白だし　3282g
- 甘みかえし　1674g
- 辛みかえし　1044g

ザラメ　120g

1. 鍋に白だしを入れ、火にかける。
2. ザラメを加えて溶かし、かえし2種を加える。
3. 沸騰直前に火からおろし、鍋ごと水をはったシンクに移して冷やす。
4. 粗熱がとれたら保存容器に移し、冷蔵庫で保存する。温めて使用する。

冷ぶっかけつゆ
輪郭がくっきりとした味

材料・仕込みやすい分量

白だし＋かえし　計4000g
- 白だし　1408g
- 甘みかえし　1872g
- 辛みかえし　720g

1. 鍋にすべての材料を入れ、火にかける。
2. 沸騰直前に火からおろし、鍋ごと水をはったシンクに移して冷やす。
3. 粗熱がとれたら保存容器に移し、冷蔵庫で保存する。冷たいまま使用する。

ざるつゆ
香りも味もぐっと強めに

材料・仕込みやすい分量

白だし＋かえし　計2000g
- 白だし　1232g
- 甘みかえし　526g
- 辛みかえし　242g

1. 鍋にすべての材料を入れ、火にかける。
2. 沸騰直前に火からおろし、鍋ごと水をはったシンクに移して冷やす。
3. 粗熱がとれたら保存容器に移し、冷蔵庫で保存する。冷たいまま使用する。

釜揚げつゆ
甘さで麺の塩気をやわらげる

材料・仕込みやすい分量

白だし＋かえし　計1500g
- 白だし　1069g
- 甘みかえし　210g
- 辛みかえし　221g

ザラメ　120g

1 鍋に白だしを入れ、火にかける。
2 ザラメを加えて溶かし、かえし2種を加える。
3 沸騰直前に火からおろし、鍋ごと水をはったシンクに移して冷やす。
4 粗熱がとれたら保存容器に移し、冷蔵庫で保存する。温めて使用する。

かけつゆ
飲み干せるような塩加減

材料・仕込みやすい分量

白だし　23.8ℓ
薄口醤油　350g
みりん
（煮切ったもの）　177g
ザラメ　215g
塩（赤穂の天日塩）　150g

1 寸胴に白だしを入れ、火にかける。
2 ボウルにみりんを入れ、ザラメを加えて溶かす。これを**1**に加え、しっかりと混ぜる。
3 薄口醤油を加え、分量の3/4の塩を加え混ぜる。
4 沸騰直前になったら味を確認し、残りの塩を少しずつ加えて調整する。
5 味が決まったら沸騰させ、アクをひき、火を止める。温めて使用する。

おでんつゆ
三温糖でまろやかに

材料・仕込みやすい分量

かけつゆ　5.4ℓ
三温糖　60g
水（軟水）　600mℓ

1 鍋にすべての材料を入れ、火にかける。
2 沸騰直前に火からおろし、具材の入ったおでん鍋に注ぎ、温める。

天つゆ
辛みはあるけどやさしい味

材料・仕込みやすい分量

かけつゆ　1950g
温ぶっかけつゆ　1070g
辛みかえし　40g

1 鍋にすべての材料を入れ、火にかける。
2 沸騰直前に火からおろし、鍋ごと水をはったシンクに移して冷やす。
3 粗熱がとれたら保存容器に移し、冷蔵庫で保存する。温めて使用する。

技術指導
藤原敬之
(にはち)

関東のうどん① だしとかえし

そばうどん店「にはち」ではだし2種と、
濃口醤油ベースのかえしを仕込み、
そこから「辛汁」「甘汁」と呼ぶつゆのベースをつくる。
削り節は、仕込みの直前に店で削ったもの。
辛汁のだしにはかつお節、
甘汁のだしにはさば節とそれぞれ1種ずつ使い、
雑みのないクリアな味をめざす。

A

B

C

D

E

F

◎だし(辛汁用)

材料・仕込みやすい分量

日高昆布(5.5cm×3.5cm程度に切る) 1枚
かつお本枯れ節* 210g
水 5.4ℓ

*削ったものではなく「節」の状態で仕入れている。

1 鍋に日高昆布と水を入れ、常温で1晩おく。→A
2 かつお本枯れ節は、使う当日に掃除をし、12～13分蒸してやわらかくする。写真は蒸し終えたもの。左はかつお節。右は甘汁用のだしに使うさば節。→B
3 **2**のかつお節を電動削り機で削る。→C
4 **1**を火にかける。ふつふつと沸いてきたら昆布を取り除く。→D
5 沸いたらかつお節を加え、約20分煮出し、漉し布で漉す。→E、F

◎だし(甘汁用)

材料・仕込みやすい分量

羅臼昆布(6.5cm×3.5cm程度に切る) 1枚
さば節* 50g
水 1.8ℓ

*削ったものではなく「節」の状態で仕入れている。

1 鍋に羅臼昆布と水を入れ、常温で1晩おく。
2 さば節は、使う当日に掃除をし、5分蒸してやわらかくする。
3 **2**のさば節を電動削り機で削る。
4 **1**を火にかける。ふつふつと沸いてきたら昆布を取り除く。
5 沸いたらさば節を加え、約5分煮出し、漉し布で漉す。

◎かえし

材料・仕込みやすい分量

濃口醤油 9ℓ
みりん 900mℓ
砂糖 1.8kg

1 鍋にみりんを入れて火にかけ、アルコール分を飛ばす。
2 砂糖を入れて溶かし、濃口醤油を加え、沸騰直前に火を止める。
3 甕に移し、2週間寝かせてから使用する。

関東のうどん① つゆ

かけつゆとしてストレートで使う甘汁は、
だしの1/10量にも満たない
少量のかえしを加え混ぜたやさしい味。
辛汁はたっぷりのかえしで割り、しっかりと味つけ。
もりつゆは、そばには辛汁をそのまま使うが、
うどんはそばよりも粉の風味がおとなしいため、
甘汁をブレンドする。

◎ 辛汁

材料・仕込みやすい分量

だし（辛汁用） 1.8ℓ
かえし 540mℓ
みりん 54mℓ

1 だしを寸胴に入れ、かえしとみりんを加えて火にかける。沸騰寸前に火を止める。
2 常温で冷まし、1晩おく。
3 土湯婆（湯煎に用いる素焼きの容器）に移して30分湯煎にする。
4 常温で冷まし、1日おく。保存容器に移し、冷蔵庫で保存する。

◎ 甘汁

材料・仕込みやすい分量

だし（甘汁用） 1.8ℓ
かえし 150mℓ

1 だしを寸胴に入れ、かえしを加え混ぜる。さば節は鮮度が落ちると香りが飛んでしまうため、少量ずつ仕込み、寝かさずにそのまま使う。

もりつゆ
かつおとさばの香りが主張

材料・仕込みやすい分量

辛汁 100mℓ
甘汁 40mℓ

1 分量の辛汁と甘汁を合わせる。冷やして使う。

かけつゆ
温かいつゆは昆布をきかせて

材料・仕込みやすい分量

甘汁 適量

1 甘汁をストレートのまま、温めて使う。

column

だし節の基礎知識

代表的なだし節と原料となる魚

かつお節（カツオ）
宗田節、めじか節*（マルソウダ）
さば節（ゴマサバ、マサバ）
まぐろ節（キハダマグロの幼魚）
あじ節（ムロアジ）

*宗田節とめじか節は同じもの。地域によって呼称が異なる。

かつお節の分類

◎ 形状による分類

・**本節…** 大型のカツオを3枚におろし、さらに片身を背側と腹側に分けてつくったもの。背側を「背節」や「雄節」と呼び、腹側を「腹節」や「雌節」と呼ぶ。
・**亀節…** 小型のカツオを3枚におろし、片身をそのまま1本のかつお節に加工したもの。

◎ 製造段階による分類

・**荒節（裸節）…** 原料の魚を蒸し、燻して乾燥させたもの。燻すことで表面は黒くなる。表面を削り、見栄えよく成形したものを「裸節」と呼ぶ。荒節を削ったものを「花がつお」と称することが多い。
・**枯れ節…** 裸節にカビづけし、熟成させたもの。荒節と比べると香りはやわらかく、うまみは強い。

かつお節の呼び名

かつお節は、左記のように分類ごとに呼び名があるが、「本節＋荒節」で「荒本節」、「亀節＋荒節」で「荒亀節」、「本節＋枯れ節」で「本枯れ節」や「枯れ本節」など、形状と製造段階の2つの分類を組み合わせて呼ぶこともある。単に「本節」や「亀節」という場合は、とくに関東ではカビづけしたかつお節を指すことが多い。

かつお本節／荒節

かつお本節／枯れ節

技術指導
愛甲撤郎
（手繰りや 玄治）

関東のうどん② だしとかえし

だしは、雑味のもとを除去した特殊な亀節が主役。
そのだしと淡口醤油ベースのかえしで、
味も見た目も透明感のあるつゆに。
ポイントは、かえしが薄いぶん、かつお節を
たっぷり使ってうまみの強いだしをひくこと。
いつもと同じ味を提供したいから、
分量と時間の計測はもちろん、だしの濃度も確認する。

◎だし（もりつゆ用）

材料・仕込みやすい分量

かつお亀節* 150g
かつお本枯れ節 150g
水 3ℓ

*脂肪分の少ないかつおを原料にした天日干しの亀節を使用。粉砕して2mmほどの粒子にし、腹部や皮下脂肪を除去したものを仕入れている。

1 鍋に水を入れて沸かす。→A
2 亀節（写真右）と本枯れ節（左）の2種のかつお節を入れ、15分煮出す。→B、C
3 漉し布で静かに漉す。→D、E
4 濃度計を用いてだしの濃度を確認する。もりつゆ用のだしの濃度は2.5％が理想。→F

A

B

C

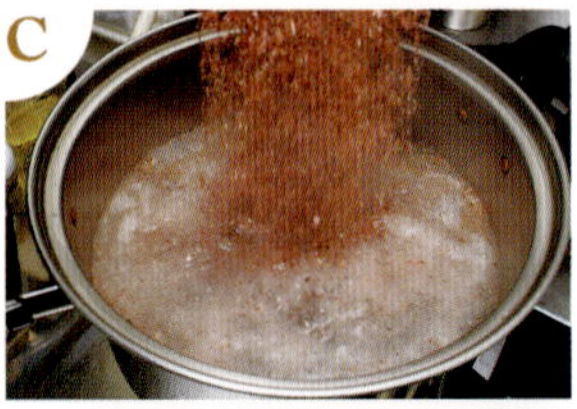

D

E

F

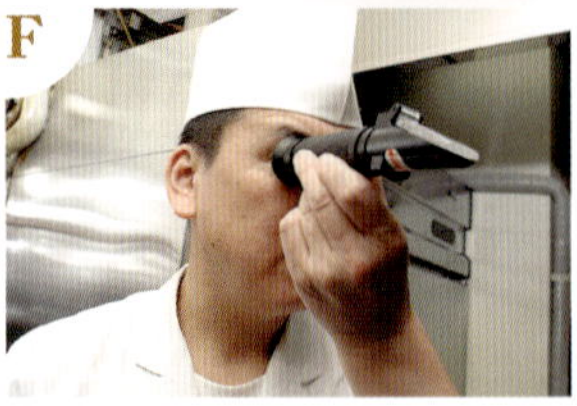

◎だし（かけつゆ用）

材料・仕込みやすい分量

かつお亀節* 30g
かつお荒本節 30g
水 2ℓ

*脂肪分の少ないかつおを原料にした天日干しの亀節を使用。粉砕して2mmほどの粒子にし、腹部や皮下脂肪を除去したものを仕入れている。

1 鍋に水を入れて沸かす。
2 亀節と荒本節の2種のかつお節を入れ、15分煮出す。
3 漉し布で静かに漉す。
4 濃度計を用いてだしの濃度を確認する。かけつゆ用のだしの濃度は1.5％が理想。

◎かえし

材料・仕込みやすい分量

淡口醤油（2種をブレンド） 3.6ℓ
みりん 700mℓ
白ザラメ 500g

1 鍋にすべての材料を入れ、軽く混ぜる。
2 酸化防止のために一升瓶に移し、冷蔵庫で保存する。

関東のうどん② つゆ

関東は醤油がきつくて色が濃い——。
そんな通説を覆す、器の底がはっきりと
見えるほどに淡い琥珀色のつゆ。
穏やかな色合いながら、かつお節がすこぶる香る。
控えめな味つけで、かけなら最後の一滴まで
飲み干せるほど。もりつゆは塩分濃度13〜14%、
かけつゆは6%が目安。

A

B
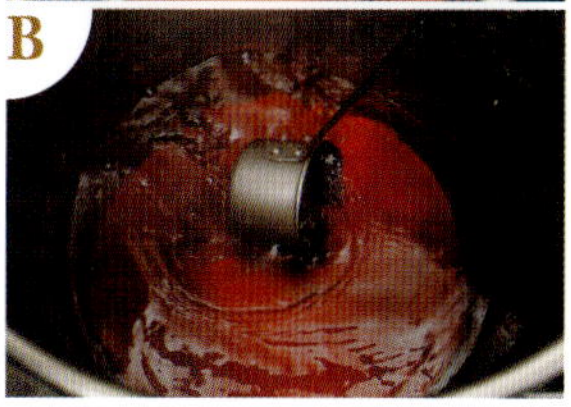

もりつゆ
亀節+本節のうまみとキレ

材料・仕込みやすい分量

だし（もりつゆ用）　3ℓ
かえし　1ℓ弱

1 分量のだしとかえしを合わせる。← A、B
2 塩分濃度計を用いて塩分を確認する。もりつゆの塩分濃度は13〜14%と決めている。冷やして使う。

かけつゆ
荒本節の力強い香り

材料・仕込みやすい分量

だし（かけつゆ用）　2ℓ
かえし　200mℓ

1 分量のだしとかえしを合わせる。
2 塩分濃度計を用いて塩分を確認する。かけつゆの塩分濃度は6%と決めている。温めて使う。

POINT

だしの濃度や、つゆの塩分濃度を測定するのは、変わらぬ味に仕上げるためです。調理のプロセスや材料の配合に気をつけていても、ごく稀に材料の品質にブレがあり、それが原因で数値が上下することがあります。乾物の場合、アクの出方も品質確認のポイントになります。（愛甲撤郎）

技術指導
岩本晴美
（辨慶 西京極店）

関西のうどん① だし

さば節は甘みとコクの強い濃厚なだしがとれる。
ただし、かつお節に比べて風味が飛びやすいので、
数日分をまとめてつくることはせず、
毎日仕込むのが鉄則。
良質なだしをひく極意は、だし節の声に耳を傾けること。
色と香りのわずかな変化を感じとり、
火を止める瞬間を見極めたい。

A

B

C

D

E
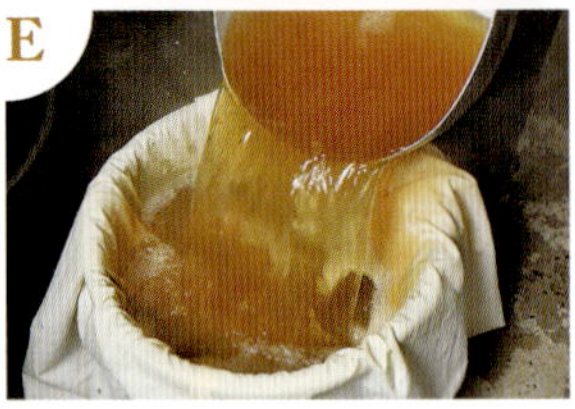

◎だし（もりつゆ用）

材料・仕込みやすい分量

削り節* 5kg
水 90ℓ

＊さば節をメインに、かつお節、うるめ節、あじ節をブレンドしたもの。

1 寸胴に水をはり、火にかける。沸いたら削り節を入れる。湯の対流に合わせて削り節がぐるぐると“泳ぐ”ように、火加減を調整し、沸騰直前のふつふつとした状態を保つ。→A、B

2 寸胴の縁に沿うようにアクが浮いてくるので、網杓子でていねいに取り除く。アクは、最初は白っぽいが、次第に黄色く変化し、時間とともに色が濃くなる。→C

3 だしやアクが写真のように濃く色づいたら、味を確認し、火を止める。加熱時間は、削り節の投入から10分が目安。煮出しすぎると雑味が出てしまう。→D

4 漉し布で漉す。漉している間に削り節から余計な味が出てしまうため、この作業は手早く行う。→E

関西のうどん① つゆ

だしの味に重きをおく京都のうどん。
「辨慶」ではざるうどんのような、いわゆるつけ麺タイプの
メニューはなく、“だしで食べさせる”温かいうどんのみ揃える。
そのため、用意するつゆはかけつゆのみで、
仕込んだだしに直接味をつけていく。
薄口醤油で色づけするが、
だしに負けないように味は強めに。

かけつゆ
だし色濃く、味もしっかり

材料・仕込みやすい分量

だし 上記より全量
薄口醤油 7ℓ強
みりん 100～200mℓ
ザラメ 1.75kg

1 だしを半量ほど寸胴に入れ、火にかける。ザラメ、薄口醤油の順に加える。

2 残りのだしを加え、ザラメが完全に溶けるまで加熱する。決して沸騰させないこと。

3 火を止めてアクをひき、味を見ながらみりんを加え混ぜる。

4 保存容器に移し、冷蔵庫で保存する。1日寝かせると角がとれ、丸みのある味になる。温めて使う。

技術指導
大阪うどん
てんま

関西のうどん② 白だしとかえし

だし節は、さば節、宗田節、いわし節をブレンド。
脂ののったさば節を選び、さば節ならではの
力強い風味を際立たせるのがてんま流。
昆布のうまみもさらりときかせて。
淡口醤油ベースのかえしは、熟成させないスタイル。
毎日、翌日のかけつゆに使う分だけを仕込み、
1日寝かせてから使用する。

A
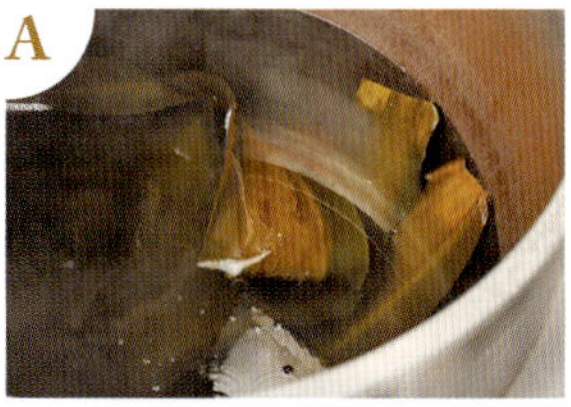

B

C

◎白だし

材料・仕込みやすい分量

真昆布　200g
削り節*　適量
水　適量

＊さば節、宗田節、いわし節を粗く砕いてブレンドし、だし袋に詰めたものを仕入れている。さば節は脂ののったものを指定し、配合は季節ごとに変えている。

1 寸胴にたっぷり水をはり、真昆布を入れ、冷蔵庫に10時間ほどおく。冷蔵庫の温度は5℃が目安。→A

2 寸胴の水を昆布ごと釜に移し、仕上がりが40ℓになるように水を足して強火にかける。90℃になったら昆布を取り出す。

3 沸騰したらだし袋ごと削り節を加え、火力を弱めて20分煮出す。→B

4 だし袋を取り出し、漉し布で漉す。→C、D

◎かえし

材料・仕込みやすい分量

淡口醤油　1.2ℓ
日本酒　600mℓ
みりん　600mℓ
砂糖　600g

1 鍋に日本酒、みりん、砂糖、淡口醤油を順に入れて混ぜ、火にかける。沸騰したら保存容器に移し、常温で1日寝かせる。

関西のうどん② つゆ

淡口醤油でうっすら色づいたつゆは、上品なビジュアル。
しかし、さば節の香りのアピール力は絶大で、
立ち上る湯気の中に、魚群の姿が浮かぶほど。
力押しなのに、嫌みがないのは、甘めのかえしが
だしの風味を丸くまとめているから。
ふくよかなうまみは余韻も長い。

材料・仕込みやすい分量

白だし　20ℓ
かえし　3ℓ

1 白だしを寸胴に入れて火にかけ、軽く沸かす。

2 かえしを加え、ひと煮立ちしたら火からおろす。常温で冷まし、夏季は冷蔵庫で保存する。温めて使う。

人気店のだし・つゆ総覧

◎谷や

白だし

材料・仕込みやすい分量

利尻昆布　300g
いりこ　400g
干し椎茸（どんこ）　50g
干しいか　2ハイ分
削り節*1　1kg
水（軟水）　50ℓ＋適量*2

*1 かつお節をメインに、うるめ節やさば節などをブレンド。
*2 仕上がり量が50ℓになるように調整する。

1 寸胴に水をはり、利尻昆布、いりこ、干し椎茸、干しいかを入れ、常温で2時間おく。

2 **1**を中火にかけ、アクをひきながら1時間ほどかけて沸騰させる。火加減は、水の量にかかわらず1時間ほどかけて沸く程度に調整する。

3 湯がゆっくりと鍋の中で対流し、いりこが鍋の中で“泳ぐ”ような火加減で15〜20分ほど煮出す。

4 削り節を加え、アクをひきながら**3**と同様の火加減で5〜10分ほど煮出す。削り節を煮出しすぎるとえぐみがでるので、削り節を加えた後は10分以内で火を止める。漉し布で漉す。

かえし

材料・仕込みやすい分量

薄口醤油　5.4ℓ
濃口醤油　1.8ℓ
たまり醤油　900mℓ
みりん　5.4ℓ
氷砂糖　1kg

1 鍋にみりんと氷砂糖を入れ、中火にかけて砂糖を溶かす。

2 そのまま沸騰させてアルコール分を飛ばす。

3 醤油3種を一度に加え、ひと煮立ちしたらすぐに火を止める。

4 粗熱をとり、甕に移す。2日以上寝かせてから使用する。

ぶっかけつゆ

そのまま飲んでもおいしい比率

材料・仕込みやすい分量

白だし　12ℓ
かえし　3ℓ

*白だしとかえしの割合は4：1としている。

1 鍋に白だしとかえしを入れ、中火にかける。ひと煮立ちしたらすぐに火を止める。

2 保存容器に移して冷ます。メニューに合わせて、冷やす、あるいは温めて使う。

つけつゆ

本がえし3割できりりと辛く

材料・仕込みやすい分量

白だし　10ℓ
かえし　3ℓ

*白だしとかえしの割合は10：3としている。

1 鍋に白だしとかえしを入れ、中火にかける。ひと煮立ちしたらすぐに火を止める。

2 保存容器に移して冷ます。冷やして使う。

かけつゆ

だしが香り立つ、甘めの味つけ

材料・仕込みやすい分量

白だし　20ℓ
薄口醤油　1.1ℓ
みりん　250mℓ
三温糖　65g
塩　適量

1 鍋に白だし、薄口醤油、みりん、三温糖、塩を入れ、中火にかける。鍋肌に沿って泡が立つ程度に軽く煮立たせ、すぐに火を止める。

2 保存容器に移して冷ます。温めて使う。

◎あんぷく

白だし

材料・仕込みやすい分量

昆布（釧路産） 60g
いりこ 300g
かつお本節
（厚削り） 70g
さば節（厚削り） 30g
うるめ節 30g
あじ節 30g
かつお本節
（薄削り） 70g
水 20ℓ

1 寸胴に水をはり、昆布といりこを入れて火にかける。
2 沸いたらかつお本節（厚削り）、さば節、うるめ節、あじ節を入れ、20分煮出す。
3 かつお本節（薄削り）を入れ、すべて沈んだら火を止める。漉し布で漉す。

かえし（ざるつゆ用）

材料・仕込みやすい分量

濃口醤油 18ℓ
みりん 5.4ℓ
砂糖 5kg

1 寸胴にすべての材料を入れ、軽く混ぜる。1週間寝かせてから使用する。

かえし（かけつゆ用）

材料・仕込みやすい分量

薄口醤油 18ℓ
みりん 6ℓ
砂糖 2.5kg

1 寸胴にすべての材料を入れ、軽く混ぜる。2週間ほど寝かせてから使用する。

ざるつゆ
いりことかつおの風味を強調

材料・仕込みやすい分量

白だし 14ℓ
かえし（ざるつゆ用）
400mℓ
いりこ 50g
かつお本節
（薄削り） 40g
濃口醤油 30mℓ

1 寸胴に白だし、かえし、いりこを入れて火にかける。
2 沸いたらかつお本節を加え、すべて沈んだら火を止める。
3 濃口醤油を加え混ぜ、漉し布で漉す。冷やして使う。

かけつゆ
薄口醤油のかえしで品よく

材料・仕込みやすい分量

だし 4.5ℓ
かえし（かけつゆ用）
420mℓ

1 分量の白だしとかえしを合わせる。温めて使う。

◎博多あかちょこべ

だし

材料・仕込みやすい分量

利尻昆布 250g
いりこ 200g
削り節* 1パック
水 30ℓ

*うるめ節と宗田節をブレンドし、だし袋に詰めたものを仕入れている。

1 寸胴に水、利尻昆布、いりこを入れて火にかける。小さな気泡が浮いてきたら昆布を取り出す。
2 沸騰直前に火を少し弱め、だし袋ごと削り節を加え、8分煮出す。
3 だし袋を取り出し、さらに10分加熱する。漉し布で漉す。

かえし（かけつゆ用）

材料・仕込みやすい分量

薄口醤油 4ℓ
みりん 600mℓ
三温糖 800g

1 寸胴にみりんを入れて火にかけ、アルコール分を飛ばす。三温糖を加え、溶かす。
2 醤油を入れ、沸騰しないように火加減を調整しつつなじませる。

かえし（つけつゆ用）

材料・仕込みやすい分量

濃口醤油 4ℓ
みりん 600mℓ
三温糖 800g

1 寸胴にみりんを入れて火にかけ、アルコール分を飛ばす。三温糖を加え、溶かす。
2 醤油を入れ、沸騰しないように火加減を調整しつつなじませる。

かけつゆ
淡い色づき。際立つ透明感

材料・仕込みやすい分量

だし 13〜16ℓ*
かえし（かけつゆ用）
1ℓ*
花がつお 30〜37g

*だしとかえしの割合は13〜16:1としている。

1 寸胴にだしを入れて火にかけ、かえしを加える。沸騰しないように火加減を調整しながらなじませる。
2 花がつおを加えて15〜20分煮出し、漉し布で漉す。冷やして使う。

つけつゆ
追いがつおで香りアップ

材料・仕込みやすい分量

だし 2.5〜4ℓ*
かえし（つけつゆ用）
1ℓ*
花がつお 6〜9g

*だしとかえしの割合は2.5〜4:1としている。

1 寸胴にだしを入れて火にかけ、かえしを加える。沸騰しないように火加減を調整しながらなじませる。
2 花がつおを加えて15〜20分煮出し、漉し布で漉す。冷やして使う。

◎味噌煮込罠

だし
さりげない昆布と椎茸のうまみ

材料・仕込みやすい分量

日高昆布　80g
羅臼昆布　20g
干し椎茸*1　30g
削り節*2　600g
水　20ℓ

*1cm角程度に細かく砕いたもの。
*2 さば節、かつお節、あじ節をブレンドしたもの。

1 昆布2種は適当な大きさに手で割る。鍋に水をはり、昆布と干し椎茸を加え、1晩おく。

2 **1**の鍋を強火にかける。小さな気泡が浮いてきたら、昆布と椎茸を取り除く。

3 沸騰直前に削り節を加え、弱火にして10分煮出す。

4 アクをとり、ペーパーで漉す。

◎七弐八製麺

だし

材料

昆布
いりこ
さば節
うるめ節
かつお節
水

1 寸胴に水と昆布を入れて火にかけ、小さな気泡が浮いてきたら、昆布を取り出す。

2 いりこを入れて中火で7〜8分煮出す。

3 さば節とうるめ節を加え、中火で10分程度煮出す。火を止めてかつお節を加え、かつお節が沈んだら漉し布で漉す。

かえし(かけつゆ用)

材料

濃口醤油
淡口醤油
たまり醤油
みりん
砂糖

1 鍋にすべての材料を入れ、火にかける。ひと煮立ちしたら火からおろす。1日寝かせてから使用する。

かえし(ぶっかけ用)

材料

濃口醤油
たまり醤油
みりん
ザラメ

1 鍋にすべての材料を入れ、火にかける。ひと煮立ちしたら火からおろす。1日寝かせてから使用する。

冷やかけつゆ
仕上げの追いがつおが決め手

材料

だし*
淡口醤油*
みりん*
かつお節　適量

*だし、淡口醤油、みりんの割合は、7:0.5:1。ただし、季節によって変わる。

1 鍋にだし、淡口醤油、みりんを入れて火にかける。沸騰したら火を弱め、アルコール分をしっかりと飛ばす。

2 火を止めて、かつお節を加える。かつお節が沈んだら漉し布で漉す。冷やして使う。

かけつゆ
風味豊か、でも後味すっきり

材料

だし*
かえし(かけつゆ用)*
かえし(ぶっかけ用)*
みりん

*だし、かえし(かけつゆ用)、かえし(ぶっかけ用)、みりんの割合は、16:7:1:7。ただし、季節によって変わる。

1 鍋にだし、かえし2種、みりんを入れて火にかける。ひと煮立ちしたら火からおろす。温めて使う。

ぶっかけつゆ
色、味、香り、ともに強く

材料

だし*
かえし(ぶっかけ用)*

*だしとかえしの割合は、4:1。ただし、季節によって変わる。

1 鍋にだしとかえしを入れて火にかける。ひと煮立ちしたら火からおろす。冷やして使う。

うどんにのせて
一体感を楽しむ

材料・1食分

うどん（P.23）　240g（ゆで上げ）
かけつゆ（P.33）　400mℓ
甘揚げ（右記）　1枚
かまぼこ（薄切り）　1枚
青ねぎ（小口切り）　適量

きつねうどん

◆大阪うどん てんま

かけうどん　甘揚げ

「甘揚げ」と呼ばれる甘く炊いた油揚げ。
温かいつゆをはったメニューが中心の大阪うどんでは
いつの時代もエースで4番。
揚げの味つけは、だし、昆布、砂糖とシンプル。
油抜きにかける手間が仕上がりを左右する。

甘揚げ（油揚げ）の仕込み方

材料・30食分

油揚げ*　30枚
昆布　適量
砂糖　適量
白だし（P.33）　適量

＊いなりずしに使用する、正方形の少し厚いタイプのもの。

1 鍋に油揚げを入れ、ひたひた程度に水をはって火にかける。→ A

2 沸騰したらざるにあげて湯を切る。その上から熱湯を注ぎ、再び湯を切る。→ B、C

3 油揚げを鍋に戻し、湯を入れて強火で沸騰させる。浮いてきた油揚げをトングで返しながらゆで、再度ざるにあげて湯を切る。これを5～6回繰り返し、油揚げに含まれている油をしっかりと抜く。→ D

4 鍋に3の油揚げと、昆布、砂糖を入れ、白だしをひたひた程度に加えて火にかける。→ E、F

5 沸騰したらごく弱火にし、4～5時間煮る。

6 煮汁が写真のようにほとんどなくなったら火からおろし、常温に冷ます。煮終えた油揚げは、仕込み前よりも薄くなるが、煮汁が染み込んでいるため重く、色が濃い。保存容器に5枚ずつ小分けにして冷凍庫で保存し、4～5日で使い切る。→ G、H

A

B

C

D

E

F

G

H

column

こだわりの七味唐辛子は“かけ”のよき相棒

辛みをプラスする一味、辛みだけではなく、青海苔や山椒などの香りも添えるのが七味の役目だ。ただし、辛みが強すぎるとだしの風味が損なわれてしまうし、選んだ七味の香りが自店のだしにぴたりと合うとは限らない。そこで、「大阪うどん てんま」では「向井珍味堂」（大阪・平野）とオリジナルブレンドの七味を開発。国産の一味唐辛子など素材にこだわり、手づくりしたものだ。“だしが命”の大阪うどん。たったひとふりの調味料にも妥協はない。

山ぶっかけ

◆元喜

ぶっかけうどん　とろろ　生卵

うどんのコシ+とろろの引き。
力で勝負の最強タッグ。生卵、揚げ玉、
海苔など端役も賑やかな顔ぶれ。
豪快にかき混ぜて、
がつんと腹に打ち込むのが醍醐味。

材料・1食分

うどん(P.22)　300g(ゆで上げ)
冷ぶっかけつゆ(P.26)　100mℓ
とろろ(右記)　70g
卵(右記)　1個
揚げ玉　適量
万能ねぎ(小口切り)　適量
きざみ海苔　適量
白すりごま　適量

とろろ

生卵

とろろ：長いもは皮をむき、目の細かいおろし金ですりおろす。営業前に、その日使う分だけをすりおろし、保存容器に入れて冷蔵庫で保存する。

生卵：釜玉が象徴するように、生卵は讃岐の定番。麺と混ぜるとクリーミーな口あたりに。「元喜」ではビタミンEが豊富な銘柄でLサイズのものにこだわる。

おぼろ

◆大阪うどん てんま

かけうどん　おぼろ昆布

具になるし、だしも出るおぼろ昆布。
ふんわりとのせた昆布は、
つゆを吸い込んでなめらかな
とろみを出し、麺と一体になる。
シンプルな仕立てなのにうまみは濃厚。

材料・1食分

うどん(P.23)　240g(ゆで上げ)
かけつゆ(P.33)　400mℓ
おぼろ昆布(右記)　適量
かまぼこ(薄切り)　1枚
青ねぎ(小口切り)　適量

おぼろ昆布

昆布のうまみをプラスしつつ、塩分濃度には影響しないよう、調味料無添加のものを使用。つゆを吸っても崩れないように、帯状に削ったものを選ぶのもコツ。

花巻

◆大阪うどん てんま

かけうどん　焼き海苔　おろしわさび

大阪うどんを代表するクラシックな一品。
もとは短冊状の焼き海苔を
仕上げに添えるスタイルだったが、
海苔の風味をめいっぱい楽しめるように、
大判の焼き海苔1枚を使ってアレンジ。

焼き海苔　　おろしわさび

焼き海苔：かけつゆの味に影響しないよう、シンプルな焼き海苔を使う。器の底に丸ごと1枚を敷いて、ゆで上げた麺、つゆの順に盛り付ける。

おろしわさび：お客が好みでつゆに溶かしながら食べられるように、かまぼこの上にちょこんとのせて提供する。

材料・1食分

うどん（P.23）　240g（ゆで上げ）
かけつゆ（P.33）　400mℓ
焼き海苔（大判・右記）　1枚
おろしわさび（右記）　適量
かまぼこ（薄切り）　1枚
青ねぎ（小口切り）　適量

わかめうどん

◆元喜

かけうどん　わかめ

つるりとした舌ざわりのわかめ。
肉厚の鳴門わかめなら歯ごたえも魅力。
麺に負けないようにたっぷりのせて。
穏やかな磯の香りが
だしに寄り添い、湯気とともに漂う。

わかめ

塩わかめを使う。水で洗った後、流水に3分30秒ほどさらして塩抜きし、長さ5cmに切り揃える。時間が経つと風味が飛んだり、乾燥してしまうなど状態が悪くなるため、毎日使う分だけを仕込む。

材料・1食分

うどん（P.22）　ゆで上げ300g
かけつゆ（P.27）　360mℓ
わかめ（鳴門産・右記）　50g
かまぼこ（スライス）　2枚
万能ねぎ（小口切り）　適量

材料・1食分

うどん（P.22）　260g（ゆで上げ）
かけつゆ（P.35）　450g
すだち（スライス・右記）　3～4個

すだちうどん

◆ あんぷく

かけうどん　すだち

すだちは半割りを添えるのが通例だが、
ここではスライスしてどっさり盛り付け。
搾らずとも、すだちの持ち味が全面に。
キンキンに冷やした器で
清涼感たっぷりに演出する。

すだち

すだちは徳島の特産品。香川の讃岐うどんと同じ四国生まれだからか、うどんのトッピングの定番とされている。果実をそのまま添える他、つゆに果汁をブレンドするなどアレンジもきく。

材料・1食分

うどん（P.23）　240g（ゆで上げ）
かけつゆ（P.33）　400mℓ
にしん甘露煮（右記）　半身
青ねぎ（小口切り）　適量

にしん

◆ 大阪うどん てんま

かけうどん　にしん甘露煮

京都名物の「にしんそば」から発想を
得たメニュー。甘めに煮たにしんは
だし節が香るやや甘めのつゆにぴったり。
丸ごとトッピングし、崩しながら
食べると味の変化も楽しめる。

にしん甘露煮

骨抜きしたにしんを、醤油や砂糖などで甘辛く煮たもの。半身ずつ真空パックされたものを仕入れており、注文ごとに湯煎にし、温めてから盛り付ける。

材料・1食分

うどん（P.22）　260g（ゆで上げ）
かけつゆ（P.35）　450g
へしこ（スライス・下記）　9枚
九条ねぎ（せん切り・下記）　80g
大葉（せん切り）　適量
おろししょうが　適量
白ごま　適量

へしこと九条葱のうどん

◆あんぷく

かけうどん　へしこ　九条ねぎ

イメージは「お茶漬け」。
へしこ、九条ねぎ、大葉、しょうがなど
香り高い和素材のオンパレード。
あっさりとしたかけつゆに、
具の味がゆっくりと染みていく。
飲んだ後にもぴったり。

へしこ

へしことは魚のぬか漬けのこと。ここでは、さばのへしこを使用。薄くスライスして盛り付ける。スライスした身は崩れやすいので、扱いは慎重に。

九条ねぎ

九条ねぎは斜め薄切りにし、氷水にさらしてシャキッとさせてから使う。代表的な産地の京都では、薬味としてではなく、たっぷりと盛り付けて具として楽しむことも多い。

材料・1食分

うどん（ゆで麺・P.22）　230g
かけつゆ（P.32）　500mℓ
きんぴらごぼう（下記）　適量
牛肉（下記）　適量
油揚げ（下記）　1枚
長ねぎ（小口切り）　適量

べんけい

◆辨慶 西京極店

かけうどん　きんぴらごぼう　牛肉　油揚げ

甘みのあるだしとやや甘く炊いた牛肉。
偏りそうな味わいを火を吹く辛さの
きんぴらごぼうが引き戻し、バランスをとる。
牛肉の下には油揚げがどんと1枚。
食べ応えも十分。

きんぴらごぼう

ごぼう（せん切り）4kgを、サラダ油をひいた鍋でしんなりするまで炒める。薄口醤油とみりん各少量を加えて水分がなくなるまで炒め、赤唐辛子（種ごとミキサーで挽く）65gを混ぜ合わせる。

牛肉

鍋に水をはり、薄口醤油とザラメを入れてやや薄めに味をつけ、沸かす。牛腕肉（切り落とし）をほぐしながら加え、さっと煮る。

油揚げ

前日の油揚げの煮汁を火にかけ、水でのばし、薄口醤油とザラメで甘辛く味を調える。熱湯をかけて油抜きをした油揚げを入れ、1時間ほど煮る。熱いうちにざるにあげ、冷ましてから使う。

スタミナ

◆辨慶 西京極店

かけうどん　牛すじ　きんぴらごぼう

由来は不明だが、昭和49年の開業以来、「辨慶」での牛すじの呼び名は「ソッパ」。味が入りにくい牛すじは、正肉を煮るときよりも濃いめに味をつけ、じっくり煮るのがポイント。

材料・1食分

うどん（ゆで麺・P.22）　230g
かけつゆ（P.33）　500mℓ
牛すじ（右記）　適量
きんぴらごぼう（P.44）　適量
長ねぎ（小口切り）　適量

牛すじ

牛すじ（かたまり）は一度ゆでこぼす。一口大に切り、水とともに鍋に入れ、沸かす。表面に浮いた油とアクをすくいながら20分ほど煮る。薄口醤油とザラメを加えてやや濃いめに味をつけ、1時間～1時間30分煮る。

スペアリブ肉うどん

◆博多あかちょこべ

かけうどん　豚スペアリブ

沖縄の郷土料理「ソーキそば」をモチーフにしたオリジナルの肉うどん。醤油や泡盛で8時間煮たスペアリブは、軟骨までとろとろの食感。

材料・1食分

うどん（P.23）　170g（生）
かけつゆ（P.35）　400mℓ
豚スペアリブ（右記）　1本
青ねぎ（小口切り）　適量

豚スペアリブ

豚のスペアリブ（かたまり）600gから3食分をつくる。スペアリブは洗い、3等分に切る。水とともに鍋に入れ、2～3分ゆでてアクをひく。スペアリブを別の鍋に移し、濃口醤油300mℓ、泡盛50mℓ、三温糖大さじ4を加え、8時間ほど弱火で煮込む。

「別盛り」「後のせ」天ぷらで賑やかに

材料・1食分

うどん（P.10）　200g（ゆで上げ）
ぶっかけつゆ（P.34）　適量
かき揚げ（右記）　1個
薬味
- 青ねぎ（小口切り）
- 白ごま
- おろししょうが

かき揚げぶっかけ

◆谷や

ぶっかけうどん　かき揚げ

**トッピングの王道、かき揚げも、
野菜を細く切り揃えれば
洗練度がぐっと上がる。
具材に粉をまぶしてから衣をつけることで、
薄づきの衣もしっかりなじんでサクサクの食感に。**

かき揚げのつくり方

材料・12個分

ごぼう　1/2本
にんじん　1/2本
みつば　1/4束
かぼちゃ　1/2個
玉ねぎ　2個
芝えび　24尾
濃口醤油　適量
日本酒　適量
天ぷら衣
├天ぷら粉　適量
└水（軟水）　適量
揚げ油*　適量

*綿実油とコーン油を同割で合わせたもの。

1　野菜を下準備する。

①ごぼうとにんじんは皮をむき、厚さ1mmにスライスしてからせん切りにする。→A

②みつばは適当な長さに揃えて切る。

③かぼちゃは皮をむき、わたと種を取り除く。厚さ1cmに切ってから、拍子木切りにする。→B

④玉ねぎは薄皮を取り除き、半割りにしてから厚さ8mmほどに切る。

⑤①〜④をボウルに入れ、ざっと混ぜ合わせる。ビニール袋に入れて保存する。→C

2　芝えびを下準備する。バットに芝えびを並べ、濃口醤油と日本酒を加えて下味をつける。→D

3　注文が入ったら、衣をつくる。ボウルに天ぷら粉と水を同割で入れ、混ぜ合わせる。

4　ボウルに**1**を入れ、軽く天ぷら粉（分量外）をふり、**3**を玉杓子1/2杯ほどかけてよく混ぜる。→E

5　**4**を玉杓子ですくい、フライヤーの縁にのせて杓子の背で形を平らに整える。→F

6　箸でフライヤーの壁に沿わせてずらし、170℃の揚げ油に静かに入れる。

7　芝えび2尾を天ぷら衣にくぐらせ、**6**の衣が揚げかたまる前にのせる。→G、H

8　えびをのせたらすぐに裏返し、箸で衣をつついて空気を抜く。こんがり色づいてきたら完成。目安は裏返してから1分30秒〜2分。→I

9　網をのせたバットに移し、しっかりと油を切る。

A

B

C

D

E

F
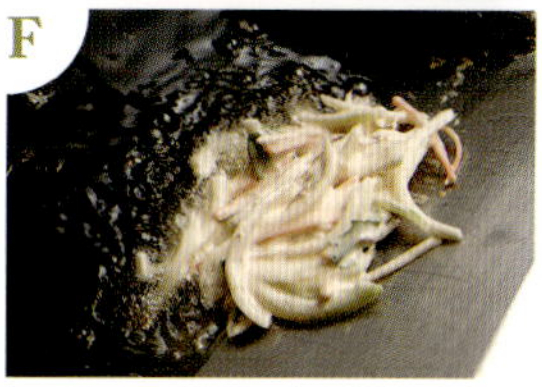

G

H

I

かしわ天ぶっかけ

◆谷や

ぶっかけうどん　かしわ天

**かしわ天とは鶏の天ぷらのこと。
サクッとした衣の中に、
ジューシーな鶏のうまみを閉じ込める。
噛みごたえのあるもも肉に、しっとりやわらかな胸肉。
2つの味を楽しめる仕立てで、
酒の肴にもぴったり。**

かしわ天のつくり方

材料・仕込みやすい分量

鶏もも肉　1枚
鶏胸肉　1枚
天ぷら衣
├天ぷら粉　適量
└水（軟水）　適量
揚げ油*、塩、こしょう

＊綿実油とコーン油を同割で合わせたもの。

1 鶏肉を下準備する。

①鶏のもも肉と胸肉は、火が通りやすいようにそれぞれ薄くそぎ切りにする。1枚から12切れとる。→ A、B

②味が染み込みやすいよう、また火を通りやすくするために、包丁を刺して穴をあける。→ C

③バットにキッチンペーパーを敷き、塩、こしょうを散らす。その上に②を並べる。→ D

④上からも塩、こしょうをふって下味をつける。→ E

2 注文が入ったら、天ぷら衣をつくる。ボウルに天ぷら粉と水を同割で入れ、混ぜ合わせる。

3 **2**に**1**のもも肉と胸肉を1切れずつ浸して、衣をまとわせる。→ F

4 箸で**3**を持ち上げて軽くふり、余分な衣を落とす。→ G

5 170℃の揚げ油に入れる。肉が浮いてきたら、ボウルに残った衣を軽く指でつまんで上から落とし、"花を咲かせる"。こうするとサクサクとした衣になる。

6 芯まで火が通ったら完成。揚げ時間は、胸肉は3分、もも肉は4分が目安。→ H

7 網をのせたバットに移し、しっかりと油を切る。→ I

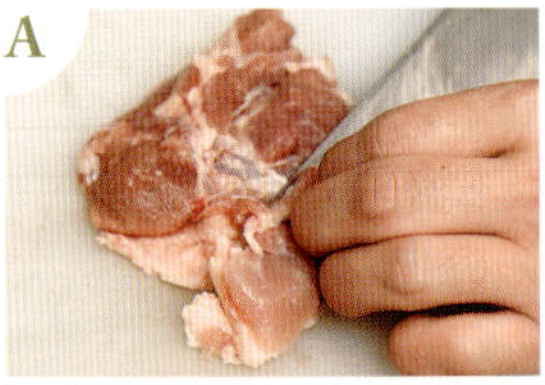
A

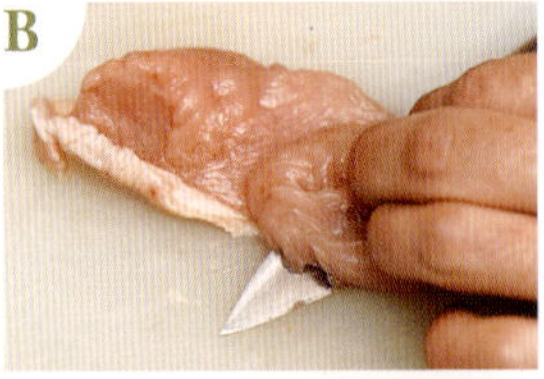
B

C

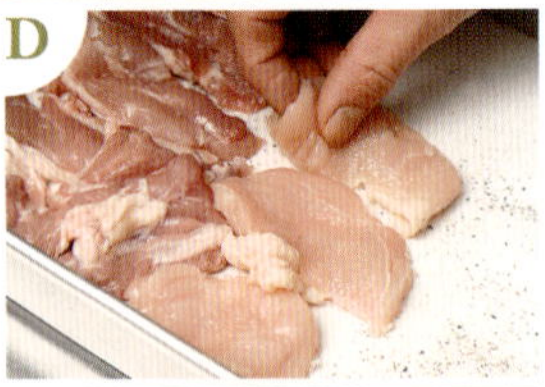
D

E

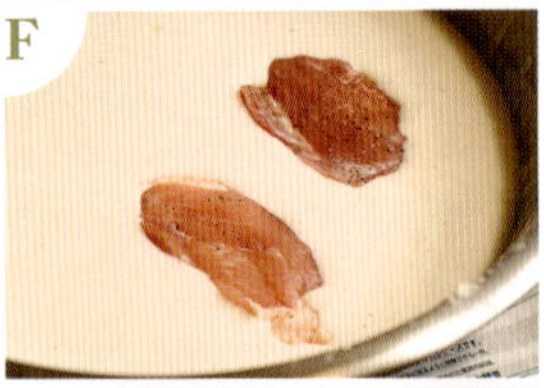
F

G

H

I

材料・1食分

うどん（P.10）　200g（ゆで上げ）
ぶっかけつゆ（P.34）　適量
かしわ天（左記）　もも・胸各1個
薬味
- 青ねぎ（小口切り）
- 白ごま
- おろししょうが

材料・1食分

うどん（P.22）　300g（ゆで上げ）
かけつゆ（P.27）　360mℓ
かまぼこ（スライス）　2枚
万能ねぎ（小口切り）　適量
かしわ天（下記）　1本
えび天（下記）　1本
ちくわ天（下記）　1本
天つゆ（P.27）　100mℓ
薬味（天ぷら）
├大根おろし
└おろししょうが

元喜盛うどん

◆元喜

かけうどん　かしわ天　えび天　ちくわ天

人気の天ぷらが揃い踏み。
えび天のひとつ後ろで
背を伸ばしているのが、
実はかしわ天。
鶏肉を細く長く成形する一手間。
定番をオリジナルの一品に
変えた力作。

えび天・ちくわ天

えびは天ぷら用に下処理を施した冷凍えびを使用。ちくわは縦半分に切って1本とする。それぞれ天ぷら衣にくぐらせ、170℃弱のコーン油でからっと揚げる。

かしわ天

鶏もも肉1枚からかしわ天6本をつくる。皮と脂を取り除き、棒状に6等分に切る（1切れ約40ｇ）。それぞれ裏返して、厚い部分に包丁を入れてひらく。これを繰り返し、長く、均一な厚さにする。日本酒をふってもみ、表面に浮いた水分を拭き取る。塩、こしょうをふり、10分おく。1切れずつ天ぷら衣にくぐらせ、曲がらないようにときどきトングで挟みながら170℃弱のコーン油でからっと揚げる。

材料・1食分

うどん(P.10) 200g(ゆで上げ)
ぶっかけつゆ(P.34) 適量
半熟卵天(右記) 1個
薬味
├青ねぎ(小口切り)
├白ごま
└おろししょうが

半熟卵天ぶっかけ

◆谷や

ぶっかけうどん 半熟卵天

絶妙な火入れで生まれる半熟卵の天ぷら。
サクサクの衣に箸を入れれば、
黄身がとろりと流れ出る。
熱々を味わうもよし、
うどんにからめて食べるもよし。

半熟卵天

卵を常温にもどし、塩を加えた湯で5分50秒～6分10秒ゆでる。すぐに氷水で冷やす。殻をむき、天ぷら粉をまぶし、天ぷら衣にくぐらせて170℃の揚げ油(綿実油とコーン油を同割で合わせたもの)で揚げる。

材料・1食分

うどん(P.10) 200g(ゆで上げ)
ぶっかけつゆ(P.34) 適量
じゃこ天(右記) 1枚
薬味
├青ねぎ(小口切り)
├白ごま
└おろししょうが

じゃこ天ぶっかけ

◆谷や

ぶっかけうどん じゃこ天

愛媛の名産品、じゃこ天は、
地魚の頭と内臓を除き、
皮と骨ごとすりつぶした灰色のかまぼこ。
四国ではうどんの定番トッピングだ。
いりこを使っただしとも好相性。

じゃこ天

夫婦で営む小さな専門店「堀本かまぼこ」(愛媛・松山)から取り寄せるじゃこ天。「谷や」では、一度熱した揚げ油(綿実油とコーン油を同割で合わせたもの)に通し、熱々で提供する。

角煮天 ぶっかけうどん

◆七弐八製麺

ぶっかけうどん　角煮天

豚の角煮を天ぷらにする大胆発想。
サクサクの衣とやわらかな肉質の
コントラストがユニーク。
角煮だから薬味は練りからし。

材料・1食分

うどん(P.23)　330g(ゆで上げ)
ぶっかけつゆ(P.36)　200mℓ
角煮天(右記)　3個
しし唐の天ぷら　1個
みつば　適量
薬味(うどん)
├天かす、レモン
├青ねぎ(小口切り)
├大根おろし
└おろししょうが
薬味(天ぷら)
└練りからし

角煮天

豚バラ肉(かたまり)を水、日本酒、香味野菜とともにゆで、一口大に切る。鍋にゆでた豚肉と、だし(P.36)、濃口醤油、ザラメ、日本酒、玉ねぎ、しょうがを入れて火にかける。20分ほど煮たら火を止め、常温に冷ます。再び20分ほど煮て、常温に冷ます。豚肉を取り出し、天ぷら衣をつけ、180℃のサラダ油でからっと揚げる。

桜えびと玉ねぎの かき揚げうどん

◆元喜

かけうどん　桜えびと玉ねぎのかき揚げ

専用のリング型で揚げた、
直径12cm×高さ10cmの巨大なかき揚げ。
パリパリ、シャキシャキと軽快な食感。
新鮮な玉ねぎほど歯ざわりよく仕上がる。

材料・1食分

うどん(P.22)　300g(ゆで上げ)
かけつゆ(P.27)　360mℓ
かまぼこ(スライス)　2枚
万能ねぎ(小口切り)　適量
桜えびと玉ねぎの
　かき揚げ(右記)　1個
天つゆ(P.27)　100mℓ
薬味(天ぷら)
├大根おろし
└おろししょうが

桜えびと玉ねぎのかき揚げ

玉ねぎ(スライス)130g、桜えび8g、天ぷら衣適量を混ぜる(かき揚げのたね)。直径12cmの縦長のリング型を170℃弱のコーン油に浮かべ、中にかき揚げのたねを入れる。その上に天ぷら衣にくぐらせたしし唐(半割り)2本をのせ、からっと揚げる。分量はかき揚げ1個分。

材料・1食分

笹うどん（P.20）　170g（生）
もりつゆ（P.31）　90mℓ
夏野菜天（下記）　適量
天つゆ（P.88）　適量
薬味（うどん）
├長ねぎ（小口切り）
└おろししょうが
薬味（天ぷら）
├レモン（くし形切り）
└もみじおろし

笹うどん　夏野菜天盛り

◆手繰りや 玄治

もりうどん　夏野菜天

天ぷらはえび天やかき揚げが花形。
しかし、旬の野菜の天ぷらも
それに負けない力がある。
種類豊富に盛り付ければ、
華やかで季節感も増す。
麺も笹粉で色づけして
夏の装いに。

夏野菜天

ゴーヤとかぼちゃはスライス、みょうがとヤングコーンは半割り、パプリカは食べやすい大きさに切る。プチトマトとオクラ、春菊は丸のまま使う。それぞれ天ぷら衣にくぐらせ、180℃の揚げ油（太白ごま油とサラダ油を同割で合わせたもの）でからっと揚げる。

column

ご当地うどん①

武蔵野の“田舎うどん”の魅力

武蔵野の田舎うどんとは

東京西部と埼玉南部に広がる武蔵野台地では、かつて小麦の栽培が盛んだった。そのため、当時はうどんを打つ家庭も多く、冠婚葬祭などの祝いの席にもうどんが用意されたという。その名残りか、いまも町のそこかしこにうどん店が存在する。そこで供されるのは、“田舎うどん”と称するにふさわしい、昔ながらのローカル文化を継承するものだ。

特徴のひとつは麺。ほんのり黒く、太い、無骨なビジュアルで、コシが強く、噛みしめるほどに小麦が香る素朴な味わいだ。

麺の色と風味は、小麦粉の品種によるところが大きい。多くの店が使用しているのは国産小麦の「農林61号」で、やや褐色を帯びており、味も香りも強い。純白で香りも味も穏やかな「ASW」などの外国産小麦(外麦)と比べると、違いは歴然だ。外皮(ふすま)を完全に除去しない精製度の低い粉を好んで使用する店もあり、その場合はいっそう黒っぽい仕上がりになる。さらに、一般的なうどんよりも低めの加水率で打つケースが多く、それも独特の食感や風味を生む要因のひとつだ。

食べ方は、冷たい麺と温かいつゆの組み合わせが基本で、つゆに豚肉を浮かべた「肉汁」が定番。「糧(かて)」と呼ぶゆで野菜などの「おかず」を添えて提供するのも特徴で、主に特産の小松菜などが用いられる。

地場(国産)の小麦粉で麺を打ち、特産の野菜とともに食す——武蔵野のうどん文化の根底には地産地消の考え方があるのだ。

もっとも、ここまで述べた特徴はあくまで武蔵野の田舎うどんの「傾向」であり、厳密な「定義」ではない。麺やつゆ、糧に使う材料は店によって違いがあるし、一方では小麦農家の減少により、地場の小麦粉で100%まかなうことが難しいという現実もある。武蔵野のうどん職人たちは、古き良きうどん文化の踏襲と、自店の味づくりの2つのテーマを掲げ、己の技術に日々磨きをかけている。

名店探訪 I 満月うどん

看板商品の肉汁うどん。そば湯ならぬ「うどん湯」とともに提供。ざるには、麺と糧、「みみ」と呼ぶ麺生地の切れ端を添える。

東京都武蔵村山市三ツ木1-12-10
☎042-560-3559

東京・武蔵村山では、同地のうどん店主やボランティア団体が「村山うどんの会」を立ち上げ、町おこしに取り組んでいる。「満月うどん」も村山うどんを謳う店のひとつ。店主の比留間良幸さんは、実家の家業が製麺所という根っからの“うどん人”。二代目として家業を支えながら、「打ちたて、ゆでたてのうどんをライブで!!」をコンセプトに、2003年10月に製麺所の脇に食堂、満月うどんを開業した。

大通りから離れた立地にもかかわらず、連日閉店の15時までひっきりなしにお客が訪れる。評判を聞きつけて遠方から足を運ぶお客がいる一方で、製麺所の小窓をのぞき、「3玉お願い」と生麺を買い求める昔なじみのお客も多い。

麺も糧もたっぷりが満月流

メニューは、温かいうどん3品、冷たいうどん3品の計6品で、いずれも冷たい麺、つけつゆ、さらに「糧(か

名店探訪 II 福助

合い盛り(ざるうどん・黒白各1玉)、肉汁、野菜の天ぷら(ブロッコリー)の組み合わせ。麺は黒白ともに生麺で1玉100g。

東京都清瀬市竹丘1-2-10
☎042-457-2929

東京・清瀬の「福助」は、田舎タイプの「黒うどん」と、讃岐タイプの「白うどん」の2種類が楽しめるうどん店だ。「開業に向けて試作を重ねたところ、黒も白も甲乙つけがたい仕上がりになり、いっそのこと両方出そうと思ったんです」と語るのは、店主の相澤直美さん。会社員時代に趣味で始めたうどん打ちだったが、一念発起して職人の道をめざすことに。夫の亮一さんを巻き込んで、技術の磨き上げにともに励み、2005年7月に福助をオープンした。

小麦粉は、香川県産の国産小麦「さぬきの夢」と外麦「ASW」のブレンドで、ふすまの混じったものと、完全に除去したものの2種類を仕入れ、前者を黒、後者を白うどんに使う。「品種に加え、“挽きたて”かどうかも重要。小麦の風味は、挽いた直後をピークにどんどん落ちてしまうので、挽いたらすぐに袋詰めして発送してくれる業者さんとお付き合いしています」と直美さん。

1日に仕込む小麦粉は黒と白を合

て)」と呼ぶ“おかず”で構成する武蔵野独特のつけ麺スタイルだ。

はじめて注文するお客は、まずボリュームに面食らうだろう。麺は生麺で1玉120gなのだが、満月うどんでは2玉240gが並盛りで、ゆでた後は360gほどになる。厚さ7mm×幅5mmの極太なフォルムも印象的だ。すると、今度は強靭なコシと口いっぱいに広がる小麦の香りに驚くはず。小麦粉は埼玉県産の「農林61号」と他の国産小麦のブレンドで、麺打ちはすべて手作業。低めの加水率で生地をつくり、何度も足踏みし、1晩寝かせることで、歯を跳ね返すような強力なコシを生み出している。

糧もたっぷりなのが満月流。内容はそのときどきで異なるが、麺の脇には小松菜、きゃべつ、ブロッコリーなどのゆで野菜と、さつまいもをはじめとする季節野菜の天ぷらが添えられる。看板商品の肉汁うどんなら、ぶ厚い豚肉、揚げなす、しいたけ、油揚げなど、つゆの具も盛りだくさんだ。

つゆは、かつお節、さば節、いりこをベースとするだしに、かえしを合わせたもの。肉汁には、ゆずの皮や揚げた玉ねぎを散らして味と香りにアクセントをつけるなど、細かな味づくりの工夫も見逃せない。

「麺も、糧やつゆの具も、一つひとつは素朴なもの。でも、トータルで見るとインパクトがある。そんなうどんをめざしています」と良幸さん。

1日に用意する麺は食堂だけで20kg。営業中は、製麺所では良幸さんが麺を打ってはゆで、一方で食堂では夫

ごま汁うどん。黒と白の2色のごまをすり、クリーミーなごま汁に加えて食す。

人の麻里さんが盛り付けや接客にあたる。「気どらず、ローカルな空気感を大切にしたい」というのが夫婦の思い。子供も楽しめるようにと、麺生地をうさぎのキャラクターに型抜きしてうどんに添えたり、健康志向の女性向けにごま汁うどんを用意したり、要望があれば麺の太さやかたさを変えたりと、誰もが楽しく食事をできるようなお客目線のサービスを心がけている。二人三脚で店を盛り上げる姿もまた、どこか懐かしい武蔵野のうどん文化を象徴しているようだ。

生麺の販売も実施。こちらも「みみ」つきで、うさぎのキャラクターが出たら“大当たり”。

わせて10kgで、水まわしからすべて手作業で行う。加水率と塩分濃度は黒も白も同じ。つやがあり、しなやかな仕上がりを狙い、加水率は50%と高めに設定している。足踏みし、球形に成形した後、黒は素朴な風味と食感を重視して熟成させず、粉っぽさがとれる程度にベンチタイムをとる。一方、白はしっかりとコシを出すために冷蔵庫で長時間熟成。また、寝かせた後、白は軽く蒸してから延すことで、黒とは対照的ななめらかな口あたりを実現している。

つゆなくしてうどんは語れない

讃岐うどんも用意する福助では、かけやぶっかけなどのメニューもある。ゆえに、つゆのバリエーションも豊富。だしの材料は、かつお本節、さば節、宗田節、いりこ、昆布など。かえしは3種類を仕込み、だしとの組み合わせや配合比率を変えて5〜6種類のつゆに展開。醤油だけでも4種類を使い分けるなど、味づくりは繊細だ。「うどんの味は、麺2割、つゆ8割」。そんな亮一さんの冗談も、つゆへのこだわりを知れば本音に聞こえてくる。

人気メニューは、黒と白の2色のうどんが一緒に楽しめる「合い盛り(ざるうどん)」。つけ汁は、冷汁、ごま汁、肉汁など5種類から選べ、小松菜などのゆで野菜をのせた小皿とともに提供される。トッピングでは、地ものの季節野菜の天ぷらが売れ筋だ。開業当初、わずか3品だったうどんの品数は、いまでは20品を超える。柚子果汁入りのつけ汁、ごまだれにピーナッツバターを加えた季節商品の坦々うどんなど、アイデアフルな商品が続々と誕生している。

メニューのラインアップだけではなく、麺やつゆも進化を続けている。実は、3年前に小麦の品種と取り引き業者を変更。小麦粉そのものの味と、鮮度の追求から踏み切った決断だった。開業から7年。いまなお膨らみ続ける相澤夫妻の探究心が、評判の味を生む原動力になっている。

武蔵野の田舎うどんはつけ麺が主流だが、かけうどんスタイルの黒うどんも楽しめる。

右は黒うどん。左は白うどんだが、国産小麦のため色は濃く、クリーム色に近い。

column

ご当地うどん②

日本全国ご当地うどんマップ

全国津々浦々にその地域ならではの“ご当地うどん”が存在する。ここで紹介するのはその一例。干しうどん（乾麺）の代表格である「稲庭うどん」や「五島うどん」、足踏みと寝かせを繰り返す「水沢うどん」や「讃岐うどん」、ユニークな形の「耳うどん」など麺そのものが特徴的なうどんがあれば、納豆入りのつけだれで食べる「ひっぱりうどん」、麺を具とともに煮込む「おっきりこみ」や「ほうとう」など食べ方に独自性が見られるケースもある。多種多様な郷土の味――そんな文化に触れるのも、うどんの楽しみ方のひとつだ。

1. 稲庭うどん（秋田・稲庭）

生地を手作業で延す“手延べ”製法でつくる干しうどん。細く、やや平べったい。コシがあり、つるつるとしていてのどごしがよい。350年以上の歴史があるといわれる伝統食。

2. ひっぱりうどん（山形）

鍋で麺をゆで、器に盛らずに鍋から直接麺をすくって食べる。つけだれも特徴的で、醤油と納豆を合わせたものが基本。そこにさばの缶詰や生卵を加え混ぜることも多い。

3. 氷見うどん（富山・氷見）

稲庭うどんのように、手作業で延す“手延べ”製法でつくる干しうどん。もっちりとしていてコシがある。「糸うどん」と呼ばれる細麺が主流。

4. 水沢うどん（群馬・水沢）

麺は、多加水で、足踏みと寝かせを繰り返してつくる。切った後、少し乾燥させることが多い。やや太めで透明感のある白色。コシがあり、のどごしがよい。冷たいもりうどんが代表的な食べ方。

5. おっきりこみ（群馬、埼玉北部）

塩を使わずに打ち、幅広に切った麺を、下ゆでせずに生のまま根菜などの野菜とともに煮込んだ料理。味つけは味噌あるいは醤油。

6. 耳うどん（栃木・佐野）

佐野市仙波町の郷土料理。こねた生地を長方形に切り、耳のような形に成形するのが特徴。すいとんに似た食味で、醤油味の汁とともに食す。

7. 武蔵野うどん（東京・武蔵野）

太打ちで、コシの強い、噛みしめて味わうタイプの麺。それを冷たくしめて、温かいつけつゆで食べるのが基本。「糧（かて)」と呼ばれるゆで野菜などのおかずを添えるのも特徴。

8. おしぼりうどん（長野・坂城）

辛みの強いねずみ大根をすりおろした汁に味噌を溶かしたつけつゆが特徴。ゆで上げた麺は水でしめず、熱々のまま器に盛り付ける。

9. ほうとう（山梨）

塩を加えずに打った幅の広い麺を、下ゆでせずに生のまま具だくさんの汁で煮る。汁は、煮干しからとっただしに味噌を溶いたもの。具はかぼちゃ、じゃがいも、玉ねぎ、にんじん、きのこなど野菜が中心。

10. 吉田うどん（山梨・富士吉田）

麺は太く、非常にかたい。醤油と味噌を合わせた温かいかけつゆを合わせる。醤油ベース、あるいは味噌ベースのかけつゆで提供することも。ゆでたきゃべつや馬肉などトッピングもユニーク。薬味として、赤唐辛子をベースにした自家製の辛み調味料をおく店が多い。

11. 味噌煮込みうどん（愛知・名古屋）

名古屋の名物うどん。麺は塩を使わず、小麦粉と水のみで打つ。八丁味噌ベースの汁で麺と具を煮込むが、麺は生のまま加えるのが一般的。

12. 伊勢うどん（三重・伊勢）

麺は極太で、もっちりとして、非常にやわらかい。独特の食感を出すために1時間以上ゆでる。温かい麺を器に盛り、たまり醤油ベースの甘辛いたれをまわしかけて食べる。

13. 讃岐うどん（香川）

足踏みと寝かせを繰り返して鍛え上げたコシの強い麺。だしは、いりこを使うのがお決まりで、その他にだし節や昆布などを合わせる。昔ながらの食べ方はかけうどんだが、いまではぶっかけや釜玉などバリエーション豊富。

14. 博多うどん（福岡・北九州）

やわらかい麺が特徴。だしは、いりこ、あご、雑節、昆布などでとる。トッピングは、魚の練りものを揚げた「丸天」やごぼう天が定番で、薬味として柚子こしょうをおく店も多い。

15. 五島うどん（長崎・五島）

“手延べ”製法でつくる干しうどん。細く、やや丸みがある。手延べの際に椿油を使うため、独特の風味がある。あごだしをきかせたつけつゆと組み合わせるのが伝統的な食べ方。

変わりつゆ・たれメニュー

ひねりのきいたつゆやたれで食べる“応用編”。
ここでは、ごま汁、鴨汁、鴨南蛮など
そばうどん店のなじみの一品から、
ラーメンや坦々麺風のアレンジ、
パスタをイメージした洋風メニューまで幅広く紹介する。
いまやジャンルレスで展開されるうどんメニュー。
職人のアイデアが、うどんの可能性を広げている。

ごま汁うどん ◆ にはち

ポイントは、煎ったごまを丹念にすりつぶすこと。
じんわりと油がにじみ出し、深みのある味になる。
ごまは、白ごまとえごまをミックス。えごまの独特な風味、
さらにちょっとしのばせた山椒が、すっきりとした食後感を生む。

材料・1食分

うどん(P.22)　130g(生)
ごま汁のベース　40mℓ
- 白ごま　40g
- えごま　10g
- 味噌　25g
- 砂糖　大さじ1/2
- ごま油　大さじ1/2
- みりん　大さじ1/2
- 山椒　少々
- 辛汁(P.29)　135mℓ

甘汁(P.29)　30mℓ
薬味
- 長ねぎ(小口切り)
- 大葉(せん切り)
- おろししょうが

1 ごま汁のベースをつくる。

①ごまは、白ごま(写真左)とえごま(右)の2種類を使う。→ A

②白ごまをフライパンで煎る。フライパンをゆすってまんべんなく火にあてること。平たい種子が写真のように膨らんだら、火からおろす。→ B

③えごまをフライパンで煎る。フライパンをゆすってまんべんなく火にあてること。写真のように茶色く色づいたら火からおろす。→ C

④②と③をすり鉢に入れ、すりこぎですりつぶす。→ D

⑤次第に油がにじみ出て、色が濃くなってくる。十分に油が出て、ペースト状になったら仕上がり。→ E、F

⑥味噌、砂糖、ごま油、みりん、山椒を加え、しっかりと混ぜ合わせる。

⑦辛汁を少しずつ加え混ぜる。保存容器に移し、冷蔵庫で冷やす。→ G

2 うどんをたっぷりの湯でゆで、水でしめる。水切りしてざるに盛る。

3 ごま汁のベース40mℓを計量カップに移し、冷やしておいた甘汁を加え混ぜ、器に注ぐ。→ H

色も味も濃いめ。ごまのざらっとした質感がわずかに残る。

A

B

C

D

E

F

G

H

ごまだれは豆乳ベースで、
後味はあっさり。
クリーミーなたれと
パンチのきいたピリ辛の肉味噌、
そのコントラストを味わううちに、
気がつけば器は空っぽ。

ごまだれ肉味噌うどん ◆ 谷や

材料・1食分

うどん（P.10）
　200g（ゆで上げ）
ごまだれ　大さじ1
├白ごまペースト　300g
├白すりごま　50g
├豆乳　350mℓ
├マヨネーズ　50g
└塩　5g

肉味噌（P.88）　100g
ほうれん草　適量
薬味
├青ねぎ（小口切り）
├白ごま
└おろししょうが

1 ごまだれをつくる。ボウルにすべての材料を入れ、よく混ぜる。保存容器に移し、冷蔵庫で保存する。3日ほど保存可能。

2 うどんはたっぷりの湯でゆでる。温かく提供する場合はざるにあげて湯を切り、冷たく提供する場合は水で洗って、氷水でしめたのち、水気を切る。

3 ほうれん草は塩ゆでしてから水にとって冷まし、水気を切る。一口で食べられる長さに切る。

4 うどんを器に盛り、ごまだれをかける。

5 肉味噌とほうれん草を盛り付ける。

材料・1食分

うどん（P.23）
　330ｇ（ゆで上げ）
赤だれ　適量
- 赤唐辛子（韓国産・粉末）　適量
- にんにく（すりおろす）　適量
- コチュジャン　適量
- 日本酒　適量
- みりん　適量
- 砂糖　適量
- ザラメ　適量
- 白ごま　適量
- ごま油　適量

ぶっかけつゆ（P.36）　適量
かえし（ぶっかけ用・P36）　適量
鶏天*　適量
水菜　適量
糸唐辛子　適量

*鶏もも肉を大きめの一口大に切り、柚子こしょうと醤油で下味をつける。天ぷら衣をつけて180℃のサラダ油でからっと揚げる。

1 赤だれをつくる。鍋に日本酒、みりん、砂糖、ザラメを入れて火にかけ、沸騰したら赤唐辛子、にんにく、コチュジャンを加え混ぜ、火からおろして白ごまとごま油を加える。

2 うどんはたっぷりの湯でゆで、水で洗い、氷水でしめる。

3 ボウルに赤だれ、ぶっかけつゆ、かえしを入れて混ぜ合わせる。

4 **3**を器に流し、水切りしたうどんを盛る。うどんの上に鶏天をのせ、水菜と糸唐辛子をあしらう。

濃厚旨辛赤饂飩 ◆ 七弐八製麺

ごまとにんにくが香るつゆは、
真っ赤な色と後に尾を引く辛さで
強烈な個性を印象づける。
大ぶりな鶏の天ぷらを
どすんとのせ、盛り付けも力強く。

鴨汁うどん◆にはち

鴨の脂身からつくった鴨油を使い、
具の鴨は脂身をじっくりと焼く。
それが鴨のうまみたっぷりに仕上げる極意。
食べすすむうちに味がぼんやりしないよう、
濃いめにつくるのがコツ。

材料・1食分

うどん（P.22） 130g（生）
辛汁（P.29） 70mℓ
甘汁（P.29） 45mℓ
鴨肉（スライス） 2枚
長ねぎ（縦に十字に切る） 1/5本
鴨油（P.89） 適量
塩 適量
薬味
├長ねぎ（小口切り）
└おろししょうが

1 うどんはたっぷりの湯でゆで、水でしめる。

2 鴨油をフライパンに入れ、中火にかける。写真は冷蔵庫で冷やしかためた鴨油。→A

3 油が溶けたら、長ねぎ、鴨肉の順に加える。鴨肉は、最初は脂を下にして立てるようにして焼く。→B

4 脂にこんがりと焼き色がついたら、ごく弱火にし、肉の片面に塩をふって両面を焼く。焼きすぎると肉がかたくなるので、余熱で火を通すつもりでさっと焼く程度にとどめる。→C

5 鴨肉と長ねぎを取り出し、器に盛り付ける。→D

6 フライパンに残った油に辛汁と甘汁を加え、火にかける。→E

7 写真のようにぐらぐらと沸いてきたら、火からおろし、**5**の器に注ぐ。→F、G

8 水切りしたうどんをざるに盛る。

A

B

C

D

E

F

G

鴨の油分がキラキラと輝く。油膜がはることで保温性も高い。

鴨南蛮と鴨汁は似て非なるメニュー。
鴨汁が鴨の脂をつけ汁に生かすのに対し、
こちらのつゆは脂を加えないあっさり仕立て。
香りのみ移すから最後の一滴まで飲み干せる。

鴨南蛮

◆にはち

材料・1食分

うどん（P.22）　130g（生）
かけつゆ（P.29）　360mℓ
鴨肉（スライス）　4枚
長ねぎ（縦に十字に切る）　1/5本
塩　適量
薬味
├長ねぎ（小口切り）
└おろししょうが

1 うどんはたっぷりの湯でゆでる。水で洗い、氷水でしめた後、湯で温める。

2 フライパンを温め、鴨肉と長ねぎを焼く。鴨肉は、最初は脂を下にして立てるようにして焼く。

3 脂にこんがりと焼き色がついたら、ごく弱火にし、肉の片面に塩をふって両面を焼く。焼きすぎると肉がかたくなるので、余熱で火を通すつもりでさっと焼く程度にとどめる。

4 湯切りしたうどんを器に入れ、かけつゆを注ぐ。焼いた鴨肉と長ねぎを盛り付ける。

つゆには鶏のだし、具には炙りもも肉。
鶏の魅力で押しまくるパワフルな一杯。
くず粉によるとろみづけが、
麺とのからみよく、長い余韻を残すコツ。

鶏汁つけうどん

◆七弐八製麺

材料・1食分

うどん（P.23）
　330g（ゆで上げ）
ぶっかけつゆ（P.36）　適量
鶏だし（P.88）　適量
かえし（ぶっかけ用・P.36）
　適量
鶏もも肉　適量
ごぼう　適量
長ねぎ　適量
日本酒　適量
濃口醤油　適量
ザラメ　適量
しょうが（せん切り）　適量
魚粉（かつお＋さば）　適量
くず粉　適量
黒こしょう（粗挽き）　適量
白ごま　適量
みつば　適量
きざみ海苔　適量
薬味
└練りからし

1 うどんはたっぷりの湯でゆで、水で洗い、氷水でしめる。水切りしてざるに盛り、きざみ海苔をのせる。

2 鶏もも肉は、皮目を直火で炙って焼き色をつける。一口大に切る。ごぼうは適当な大きさに切り、160℃のサラダ油で素揚げにする。

3 鍋につゆと鶏だしを入れて沸騰させ、日本酒とザラメを加える。再度沸いたら、濃口醤油、かえし、**2**、適当な大きさに切った長ねぎを加える。

4 鶏肉に火が通ったら、鍋を火からおろし、しょうがと魚粉を入れ、くず粉を水（分量外）で溶いて加え混ぜる。器に移し、黒こしょうと白ごまをふり、みつばを飾る。

材料・1食分

うどん（P.23）
　330g（ゆで上げ）
だし（P.36）　適量
鶏だし（P.88）　適量
鶏もも肉　適量
ごぼう（乱切り）　適量
長ねぎ（斜め薄切り）　適量
みりん　適量
濃口醤油　適量
コチュジャン　適量
豆板醤　適量
白味噌　適量
赤唐辛子（韓国産・粉末）
　適量
魚粉（かつお+さば）　適量
くず粉　適量
白ごま　適量
みつば　適量
きざみ海苔　適量
薬味
└豆板醤

1 うどんはたっぷりの湯でゆで、水で洗い、氷水でしめる。水切りしてざるに盛り、きざみ海苔をのせる。

2 鶏もも肉は皮を取り除き、一口大に切る。沸騰した湯にくぐらせ、霜降りにする。

3 鍋にだしと鶏だしを入れて沸騰させる。みりんと濃口醤油を加え、コチュジャン、豆板醤、白味噌を溶く。**2**、ごぼう、長ねぎを加える。

4 鶏肉に火が通ったら、鍋を火からおろし、赤唐辛子と魚粉を入れ、くず粉を水（分量外）で溶いて加え混ぜる。器に移し、白ごまをふり、みつばを飾る。

ぴり辛鶏汁つけうどん ◆ 七弐八製麺

辛みのもとは豆板醤とコチュジャン。
汗ばむような唐辛子の刺激が、
鶏のうまみとともにたたみかけてくる。
白味噌や醤油など和の調味料の
サポートが、味に厚みを生む。

だしに溶け込んだ豚肉と野菜の甘み。
唐辛子入りの特製合わせ味噌で、
メリハリのある味にまとめる。
身も心も温まる滋味に溢れた一杯。

豚汁うどん

◆大阪うどん てんま

材料・1食分

うどん(P.23)　240g(ゆで上げ)
白だし　(P.33)　400mℓ
豚バラ肉(薄切り)　50g
白菜(適当な大きさに切る)　適量
もやし　適量
合わせ味噌*　適量
青ねぎ(小口切り)　適量

*唐辛子入りの特製ブレンドのもの。

1 うどんはたっぷりの湯でゆでる。水で洗い、冷水でしめた後、湯で温める。
2 豚バラ肉は適当な大きさに切る。
3 鍋に白だしを入れ、合わせ味噌を溶き、火にかける。
4 沸いてきたら、**2**、白菜、もやしを入れ、火が通るまで軽く煮る。
5 湯切りしたうどんを器に入れ、**4**を煮汁ごと盛り付ける。青ねぎをあしらう。

本当は釜ゆでだけど、やかんで麺をゆでて
そのまま提供する"ずぼら"なイメージ。
つゆには納豆を入れ、麺とのからみを増強。
ゆで湯を注いでそば湯ならぬうどん湯でしめる。

釜あげずぼら(納豆入り)

◆博多あかちょこべ

材料・1食分

うどん(P.23)　170g(生)
つけつゆ*　70mℓ
納豆　適量
青ねぎ(小口切り)　適量
おろししょうが　適量
薬味
└花がつお

*だし(P.35)とかえし(つけつゆ用・P.35)を6:1で合わせ、温めたもの。

1 うどんはたっぷりの湯でゆで、ゆで湯とともにやかんに入れる。
2 器につけつゆを注ぎ入れ、納豆を加える。青ねぎを散らし、器の縁におろししょうがをちょこんとのせる。

材料・1食分

うどん（P.22）　130g（生）
かけつゆ（P.29）　360mℓ
溶き卵　1個分
きざみ海苔　適量
薬味
└長ねぎ（小口切り）

1 うどんはたっぷりの湯でゆでる。水で洗い、氷水でしめた後、湯で温める。

2 鍋にかけつゆを入れ、火にかける。

3 ふつふつと沸いてきたら、溶き卵をまわし入れ、ごく弱火にし、卵がかたまって浮いてきたら火からおろす。

4 湯切りしたうどんを器に入れる。**3**の卵を菜箸で軽く抑え、先にある程度つゆを器に移し、続いて一気に卵を移す。きざみ海苔を散らす。

玉子とじうどん

◆にはち

肝は待つこと。つゆをにごさないように、
卵がかたまるまでしばしの辛抱。
うどんを覆うようにふんわり浮かべて。
食べ手をほっとさせるやさしい味が生まれる。

材料・1食分

うどん（ゆで麺・P.22）
　230g
かけつゆ（P.32）　500mℓ
長ねぎ（きざむ）　適量
溶き卵　1個分
水溶き片栗粉　適量
おろししょうが　適量

1 うどんはたっぷりの湯で温める。

2 鍋にかけつゆをはり、火にかける。

3 ふつふつと沸いてきたら、長ねぎを加える。

4 溶き卵を円を描くようにまわし入れる 。

5 卵がかたまって浮いてきたら、水溶き片栗粉を加え、玉杓子でざっくりと混ぜる。卵がかたまる前に混ぜると、つゆがにごってしまうので注意。

6 湯切りしたうどんを器に盛り、**5**を流し入れる。中央におろししょうがをちょこんとのせる。

けいらん

◆辨慶 西京極店

京都のうどん店でよく目にする「けいらん」。
卵（鶏卵）を流した温かい一杯が、その正体。
水溶き片栗粉を混ぜるタイミングが、
きれいなマーブル模様に仕上げる鍵。

明太子ソースはライムの酸味が隠し味。
レタスを敷き詰めてヘルシー感を
アピールしつつ、大葉やみょうがなど
個性の強い野菜で味と香りに広がりを。

サラダ明太子うどん

◆あんぷく

材料・1食分

うどん（P.22）　260g（ゆで上げ）
明太子ソース（P.88）　50mℓ
明太子　適量
レタス　適量
大葉（せん切り）　適量
かいわれ菜　適量
みょうが（せん切り）　適量
きざみ海苔　適量
白ごま　適量

1. うどんはたっぷりの湯でゆで、水で洗い、氷水でしめる。
2. ボウルに水切りしたうどんと明太子ソースを入れ、よく和える。
3. 器にレタスを敷き、その上に**2**を盛り付ける。
4. 明太子、大葉、かいわれ菜、みょうが、きざみ海苔をうどんの上にあしらい、白ごまをふる。

ひんやりと涼しい一杯。
つゆに塩と宗田節オイルを加え、
はっきりとした味に調える。
別添えの辛味噌だれで好みの辛さに。

うどん冷麺

◆博多あかちょこべ

材料・1食分

うどん（P.23）　170g（生）
かけつゆ（P.35）　400mℓ
えび風味揚げ玉　大さじ2
├桜えびの粉末　適量
├天ぷら衣　適量
└サラダ油　適量
塩豚（スライス・P.89）　3切れ
温泉卵　1個
青ねぎ（小口切り）　適量
花がつお　適量
ライム（くし形切り）　1/4個
宗田節オイル　少々
塩　少々
辛味噌だれ*　適量
にら（きざむ）　適量

*コチュジャンをベースにした韓国製の甘辛いたれ。

1. えび風味揚げ玉をつくる。桜えびの粉末を天ぷら衣と混ぜ合わせ、180℃のサラダ油でからっと揚げる。
2. うどんはたっぷりの湯でゆで、水で洗い、氷水でしめる。
3. 水切りしたうどんを器に盛る。かけつゆ、宗田節オイル、塩を混ぜ合わせ、うどんの上から注ぐ。
4. えび風味揚げ玉、塩豚、温泉卵、青ねぎ、花がつおをのせ、器の縁にライムを飾る。
5. 辛味噌だれとにらを混ぜて小さな器に盛り、**4**に添える。

材料・1食分

うどん（P.16）　170g（生）	田舎味噌　大さじ1
かけつゆ（P.31）　300mℓ	豆板醤　大さじ1
豚挽き肉　50g	砂糖　大さじ1
たけのこ（水煮・粗みじん切り）　18g	濃口醤油　15mℓ
トマト　1個	日本酒　15mℓ
チンゲン菜（ゆでる）　5枚	水　180mℓ
枝豆（ゆでる）　適量	白髪ねぎ　適量
にんにく（みじん切り）　1片	糸唐辛子　適量
	イタリアンパセリ　適量

1. うどんはたっぷりの湯でゆでる。水で洗い、氷水でしめた後、湯で温める。トマトは湯むきして9等分に切る。
2. ボウルに田舎味噌、砂糖、濃口醤油、日本酒を入れ、水を加えて溶く。
3. フライパンににんにくを入れ、火にかける。香りが立ってきたら、豆板醤と豚挽き肉を加え、炒める。
4. 肉がほぐれたら、たけのこと**2**を加え、汁気がほぼなくなるまで強火で5分ほど煮る。
5. トマトを加え、温まる程度に加熱し、火からおろす。
6. 湯切りしたうどんを器に盛り、かけつゆを注ぐ。チンゲン菜をのせ、**5**を煮汁ごとよそう。枝豆を浮かべ、白髪ねぎ、糸唐辛子、イタリアンパセリをあしらう。

担々うどん ◆ 手繰りや 玄治

豚肉とたけのこの豆板醤煮込みを、
本節が香るかけうどんにのせて。
中華食材ならではのコクと辛みがじわじわと
つゆに浸透し、独特な味のグラデーションをつくる。
トマトの酸味がアクセント。

洒落のきいた名前はもちろん“ラーメン風”の意。
味づくりは動物性のうまみが肝になる。
宗田節オイルをからめた鶏そぼろは、
いわば鶏ガラスープのもと。
炒めたときににじみ出た油も大切な調味料。

釜あげラ饂飩 ◆ 博多あかちょこべ

材料・1食分

うどん（P.23）　170g（生）
かけつゆ（P.35）　400mℓ
鶏そぼろ　大さじ4
- 鶏挽き肉（もも肉）　適量
- 柚子こしょう　適量
- 宗田節オイル　適量
- 塩、こしょう

温泉卵　1個
メンマ　3本
長ねぎ（小口切り）　適量

1 うどんはたっぷりの湯でゆでる。

2 鶏そぼろをつくる。鶏挽き肉に塩、こしょうをし、柚子こしょうと宗田節オイルを加え混ぜる。フライパンでほぐすように炒める。

3 湯切りしたうどんを器に盛り、かけつゆを注ぐ。

4 鶏そぼろを、フライパンに残った油とともに3の上によそう。

5 温泉卵、メンマ、長ねぎを盛り付ける。

材料・1食分

うどん（P.22）　260g（ゆで上げ）
かけつゆ（P.35）　80mℓ
むきえび　4尾
いか（輪切り）　20g
ジェノバペースト（P.88）　50g
ベビーリーフ　適量
パルメザンチーズ（粉）　適量
EVオリーブ油　適量

1 うどんはたっぷりの湯でゆでる。水で洗い、氷水でしめた後、湯で温める。

2 フライパンにかけつゆを入れて火にかけ、むきえびといかを加えて軽く煮る。

3 湯切りしたうどんを加え、ほぐしながらしばらく煮てつゆを含ませる。

4 汁気がなくなってきたらジェノバペーストを加えて和える。

5 うどんを器に盛り、フライパンに残ったソースを余白にたらす。

6 うどんの上にベビーリーフをのせ、EVオリーブ油をまわしかける。パルメザンチーズをふる。

海鮮ジェノバうどん ◆ あんぷく

バジルが香るジェノバペーストで
“洋”のテイスト全開！ と思いきや、
だしの風味はしっかり。
麺をつゆで煮てだしの味を含ませる、
目からうろこの調理法が和洋折衷の要。

パスタの大定番・ペペロンチーノがモチーフ。
辛みの要素を赤唐辛子から
京都・原了郭製の黒七味に置き換えて。
“つゆ×バター×オリーブ油”のコクのある
ソースで、麺にしっかりと味をのせる。

黒七味ペペロンうどん ◆ あんぷく

材料・1食分

うどん(P.22)　260g(ゆで上げ)
かけつゆ(P.35)　120mℓ
黒七味*　適量
にんにく(みじん切り)　2片
パセリ(みじん切り)　1つまみ
バター　5g
EVオリーブ油　30mℓ+適量

*京都・祇園の「原了郭」製。

1 うどんはたっぷりの湯でゆでる。水で洗い、氷水でしめた後、湯で温める。

2 フライパンにEVオリーブ油(30mℓ)とにんにくを入れ、香りが立つまで加熱する。

3 かけつゆとパセリを加え、パセリの香りが立ってきたらバターを加え混ぜ、ソースとする。

4 湯切りしたうどんを加え、ほぐすようにしてソースと和える。

5 味を見ながらEVオリーブ油(適量)を加え混ぜる。

6 ソースごと器に盛り付け、黒七味をたっぷりふる。

材料・1食分

うどん（P.22）　260g（ゆで上げ）
トマト（ざく切り）　1.5個
プチトマト（半割り）　3個
バジル（生）　小10枚
にんにく（みじん切り）　2片
昆布（釧路産・3cm角に切る）　1枚
塩　適量
EVオリーブ油　30mℓ+適量

1. うどんはたっぷりの湯でゆでる。水で洗い、氷水でしめた後、湯で温める。
2. フライパンにEVオリーブ油（30mℓ）とにんにくを入れ、香りが立つまで加熱する。
3. 昆布とトマトを加え、塩をふる。トマトをつぶしながら炒め、ソース状になったら昆布を取り除く。
4. プチトマトとちぎったバジル（1枚）を加える。
5. 湯切りしたうどんを加え、ほぐすようにしてソースと和える。
6. EVオリーブ油（適量）を加え混ぜ、ソースになじませる。
7. 塩で味を調え、器に盛り付ける。EVオリーブ油をまわしかけ、バジル（9枚）をあしらう。

フレッシュトマトとバジルのうどん ◆ あんぷく

昆布のうまみを移しながら
煮崩したトマトに、
オリーブ油を合わせてソースとする。
“洋”のテイストを難なく受け入れる
うどんの懐の深さに脱帽。

column

アイデアフルな変わり麺に注目

　メニューの幅を広げるには、麺そのものに手を加える方法もある。「手繰りや 玄治」の笹うどん（P.20）はその好例。笹うどんは、夏らしさをアピールするために笹の粉末で麺を緑色に染め上げたもの。香りも楽しめるように、冷たい麺と冷たいつゆの組み合わせを提案している。「そばもうどんも、小麦粉と塩水を合わせたシンプルな麺。副材料を加えるだけで、がらりとイメージが変わります」と店主の愛甲撤郎さん。かつては魚粉を加えた麺を打ち、温かいつゆと野菜とともに盛り付けたラーメン風のメニューを売り出したこともあるという。

　変わり麺は、季節や期間を限定した差し込みメニューと位置づけることが多いが、それを店のスタンダードとする例もある。「博多あかちょこべ」では、小麦粉に胚芽などをブレンドした麺（P.23）をすべてのメニューに使用。茶色っぽい見た目と胚芽の香りが特徴で、でんぷんとタピオカによるもちもち感もユニークだ。“古式胚芽うどん”と銘打ち、他店との差別化につなげている。「遊び心のあるものをつくっていきたい」と語る店主の井上裕之さん。「何十年も昔、博多にうどんが広まったばかりの頃は、黄色っぽかったり、混ざりものの多い麺だったのでは」。そんなイマジネーションが開発のきっかけになったそうだ。この麺が店のスタンダードだから、かけやざるなどの定番のメニューまで個性的に見えてくる。「釜あげラ饂飩」（P.70）や「釜あげずぼら」（P.66）などのアイデアメニューも、“ユニークな食べ方＋変わり麺”で驚きは倍増だ。

「博多あかちょこべ」のざるうどん。氷を使った演出や、薬味の皿にのるうずらの卵も新鮮。

うどんの世界を広げる“洋”のアプローチ

「黒七味ペペロンうどん」（P.72）や「フレッシュトマトとバジルのうどん」（P.73）など、「あんぷく」にはジャンルの垣根を越えた創作性の高いメニューが多数揃う。店主の安江勇治さんがヒントにしたのは、なんとパスタ。「イタリアンのシェフが生パスタを調理しているのを見て、うどんに似ているなと感じて。であれば、イタリアンの調理法はうどんにも通用するはず、と考えたんです」。厨房では雪平鍋をフライパンのように操る。まず、うどんつゆやオリーブ油などをベースにソースをつくる。そこにゆで上げたうどんを加え、うまみを含ませるように和えていく。つくり方はパスタの技法そのものだ。

　安江さんのアイデアは、それだけにとどまらない。「お客さまが自分好みの一杯にカスタマイズできるように」とトッピングを豊富に揃え、アレンジの幅を広げている。トッピングは約30品。油揚げ、とろろ、わかめ、天ぷらなどの定番の他、あさり、小えび、ベーコン、チーズと洋風の創作うどんにぴったりなアイテムも多数用意する。メニュー表には、創作うどんの一つひとつに「おすすめのトッピング」を記し、うどんの新たな楽しみ方を提案している。

創作うどんを追加のトッピングで自分好みにアレンジ。写真左はフレッシュトマトとバジルのうどん＋モッツァレラチーズ。右は黒七味ペペロンうどん＋あさり。

カレー、味噌煮込み、鍋焼きうどん

明治後期の生まれといわれるカレーうどん。
味噌煮込みうどんは名古屋の郷土料理であり、
鍋焼きうどんはうどん文化圏、大阪の定番。
いずれも歴史があったり、
地域に根付いているからだろうか、
「これが目当て!」という固定ファンの多いメニューだ。
身も心も温まる、熱々の一杯を紹介する。

カレーうどん
定番スタイル

カレーうどん ◆ 元喜

本格スパイスを使いつつ、
めいっぱいだしをきかせて“和”に着地。
深い味わいは、じっくりかつ大量に仕込むからこそ。
玉ねぎと肉は具として主張せず、うまみ出しに徹する。

材料・1食分

うどん（P.22）　300g（ゆで上げ）
カレーつゆ　でき上がりより1/60量
- 豚肩ロース肉　400g
- 玉ねぎ（スライス）　4.5kg
- にんにく（みじん切り）　1株
- ローリエ　1つかみ
- カレー粉（2種をブレンド）　2kg
- ガラムマサラ　20g
- コリアンダー　60g
- フルーツチャツネ　適量
- 牛すじの煮汁*1　適量
- 牛肉の煮汁*2　適量
- 生クリーム　400mℓ
- かけつゆ*3（P.27）　14.4ℓ
- 水（軟水）　9.6ℓ
- コーン油、黒こしょう

長ねぎ（長さ6cmの斜め切り）　適量

*1　温ぶっかけのつゆ（P.26）、三温糖、みりん、濃口醤油、しょうが（せん切り）を合わせ、一口大に切った牛すじを煮る。牛すじは別の商品として提供し、ここでは端材の残った煮汁のみ使う。

*2　温ぶっかけのつゆ（P.26）、三温糖、みりん、濃口醤油、しょうが（せん切り）を合わせ、牛バラ肉（スライス）を煮る。牛肉は肉うどんなど別のメニューに使い、ここでは煮汁のみ使う。

*3　つくりたてのものを使うのが理想。かけつゆのでき上がりからカレーの仕込みまで時間がある場合は、つゆは保存容器に入れて冷凍庫で凍らせておく。こうすると風味が飛びにくい。容器ごと湯煎にし、溶かしてから使う。

1　カレーつゆをつくる。

①豚肩ロース肉は2cm角に切り、黒こしょうをふってもむ。

②寸胴にコーン油をたっぷりとひき、にんにくを入れ、香りが立つまで弱火で炒める。

③①を加えて炒め、肉の表面を焼きかためる。この段階で芯まで火を通す必要はない。→ A

④玉ねぎを加え、焦がさないように底をあたりながら、しんなりするまで20分ほど炒める。→ B

⑤かけつゆと水を入れ、続いてローリエをだし袋に詰めて加える。強火にし、沸かす。→ C、D

⑥沸騰したら表面に浮いたアクと油を取り除き、中火にして30分煮る。ローリエをだし袋ごと取り出す。

⑦ボウルにカレー粉、ガラムマサラ、コリアンダー、フルーツチャツネ、牛すじの煮汁、牛肉の煮汁を入れる。⑥のスープを少量加えてルーを溶き、全体がなじむまで混ぜる。→ E

⑧⑦を⑥の寸胴に加えて強火にし、焦がさないように底をあたりながらしっかりと混ぜる。沸いたら弱火にして20分煮込む。→ F

⑨表面に浮いたアクと油を取り除く。味を確認し、必要に応じて水（軟水）や塩（各分量外）で味を調える。

⑩味が決まったら生クリームを加え、再び沸いたら火を止める。

⑪寸胴ごとシンクに移し、水を出しっぱなしにして1晩冷ます。冷めたら寸胴ごと冷凍庫で保管する。→ G

2　うどんはたっぷりの湯でゆでる。水で洗い、氷水でしめた後、湯で温める。

3　カレーつゆは冷凍庫にしばらくおくと、表面がシャーベット状にかたまる。注文が入ったら、レードルを使って1食分を削り取り、小鍋に入れて火にかける。焦げないように混ぜながら、沸く直前まで温める。→ H、I

4　湯切りした麺を器に入れ、**3**を加える。長ねぎをあしらう。

A

B

C

D

E

F

G

H

I

ビーフのうまみを閉じ込めた
とろみのあるつゆ。だしとの調和をめざし、
カレーは甘口と辛口の数種類をブレンド。
時折顔を出す玉ねぎの歯ざわりが心地よい。

カレーうどん ◆ 大阪うどん てんま

材料・1食分

うどん(P.23)
　240g(ゆで上げ)
かけつゆ(P.33)　400mℓ
牛肩ロース肉(薄切り)　50g
玉ねぎ(薄切り)　適量
長ねぎ(斜め切り)　適量
カレールー*(顆粒)
　大さじ1.5
片栗粉　適量

*甘口や辛口など数種類のカレールーをブレンド。

1 うどんはたっぷりの湯でゆでる。水で洗い、冷水でしめた後、湯で温める。

2 鍋にかけつゆを入れて火にかけ、沸く前にカレールーを加え、しっかりと溶く。→ A

3 沸騰したら牛肩ロース肉をほぐしながら加える。

4 牛肉の表面が写真のように薄いピンク色になったら、玉ねぎと長ねぎを加え、火を通す。→ B、C

5 片栗粉をかけつゆ(分量外・P.33)で溶き、細くたらすようにして少しずつ**4**に加え混ぜる。つゆとして楽しめるように、とろみはゆるめにつける。→ D

6 湯切りしたうどんを器に盛り、**5**を流し入れる。

A

B

C

D

材料・1食分

うどん（ゆで麺・P.22）　230g
かけつゆ（P.32）　500mℓ
油揚げ*（きざむ）　適量
長ねぎ（きざむ）　適量
カレー粉　大さじ1
水溶き片栗粉　適量

＊きつねうどんに用いる油揚げとは異なり、味つけせずにそのまま使う。

1 うどんはたっぷりの湯で温める。

2 鍋にかけつゆを入れ、火にかける。

3 温まってきたらカレー粉を加え、しっかりと溶く。油揚げと長ねぎを加える。→ A

4 沸いてきたら、水溶き片栗粉を加え、ダマにならないようにすぐによく混ぜる。つゆとして楽しめるように、とろみはゆるめにつける。→ B、C

5 湯切りしたうどんを器に盛り、4を流し入れる。→ D

A
B
C
D

きざみカレー ◆ 辨慶 西京極店

"きざみ"とは、きざんだ油揚げのこと。
カレー粉は風味づけ程度で、だしを生かす。
片栗粉でとろみをつけて。
スパイシーなだし汁を"食べる"、そんな感覚。

カレーうどん

うどん+ごはんの新提案

カレーうどんの残りのつゆに
ごはんを入れる人、けっこういるはず。
「であれば最初から」と編み出したのが
このメニュー。カレーつゆが、うどん、
ごはん、具を包み、渾然一体となる。

カレーおじやうどん ◆ 大阪うどん てんま

材料・1食分

うどん（P.23）
150g（ゆで上げ）
ごはん　150g
かけつゆ（P.33）　450mℓ
牛肉（薄切り）　50g
玉ねぎ（適当な大きさに切る）　適量
油揚げ（きざむ）　適量

カレールー*1（顆粒）
大さじ1.5
片栗粉　適量
卵　1個
えび天*2　1本
かまぼこ（薄切り）　2枚
長ねぎ（斜め切り）　適量

*1 甘口や辛口など数種類のカレールーをブレンド。
*2 えびは殻をむき、たたいてのばす。天ぷら衣をつけ、180℃のサラダ油でからっと揚げる。

1 うどんはたっぷりの湯でゆでる。水で洗い、冷水でしめた後、湯で温める。

2 鉄鍋にごはんとうどんを左右に分けて入れる。

3 別の鍋にかけつゆを入れて火にかけ、カレールーを加え、しっかりと溶く。

4 **3**に牛肉、玉ねぎ、油揚げを入れ、火が通ったらかけつゆ（分量外・P.33）で溶いた片栗粉を加え混ぜる。

5 **4**を**2**の鉄鍋に移し、火にかける。中央にくぼみをつくり、卵を割り入れる。

6 ふつふつと沸いてきたら卵のまわりに、えび天、かまぼこ、長ねぎを盛り付け、火からおろす。

材料・1食分

うどん（P.23）　250g（ゆで上げ）
ごはん　適量
だし（P.36）　適量
合挽き肉　適量
玉ねぎ（あられ切り）　適量
にんじん（あられ切り）　適量
セロリ（あられ切り）　適量
調合スパイス*　適量
バター　適量
白髪ねぎ　適量
パセリ（みじん切り）　適量
サラダ油、塩、白こしょう

＊カレー粉や複数のスパイスを独自にブレンドしたもの。

1 うどんはたっぷりの湯でゆでる。水で洗い、氷水でしめた後、湯で温める。合挽き肉は、塩、白こしょうをふってもみ、下味をつける。

2 鍋にサラダ油を入れ、玉ねぎをあめ色になるまで炒めて取り出す。

3 **2**の鍋に合挽き肉とにんじん、セロリを入れ、炒める。

4 玉ねぎを戻し入れ、調合スパイスを加えて炒め合わせる。だしを加えて軽く煮込む。

5 フライパンにバターを入れて火にかけ、少し溶けたらごはんを加え、表面がパリパリになるまで焼きかためる。

6 器に**5**のごはんを入れ、その上に湯切りした麺を盛り、**4**を流し入れる。白髪ねぎを盛り付け、パセリを散らす。

ぶっこみカレーうどん ◆ 七弐八製麺

本格カレーの領域に踏み込んだ、
スパイスのきいたホットなつゆ。
コシの強い麺とも、器の底に潜む
バターライスとも名勝負を繰り広げる。
摩訶不思議なうどん体験がここに。

味噌煮込みうどん ◆ 味噌煮込罠

味噌汁をすするような懐かしさとぬくもり。
八丁味噌と赤味噌に白味噌をブレンドして、
本場の名古屋人を納得させつつ、
門外漢にも伝わりやすい味に。

材料・1食分

うどん（P.23）　180g（生）
だし（P.36）　400mℓ
練り味噌（下記）　90g
鶏もも肉（一口大に切る）　40g
油揚げ（幅1.5cmに切る）　2切れ
卵　1個
かまぼこ（厚さ5mmに切る）　2切れ
長ねぎ（斜め切り）　10g

1　土鍋にだしをはり、練り味噌を溶いて火にかける。火加減は強めの中火を保つ。→ A

2　だしが温まってきたら、鶏もも肉と油揚げを加える。→ B

3　手鍋にたっぷりの湯を沸かし、うどんをゆでる。後で煮込むため、この段階で芯まで火を通す必要はない。ゆで時間は通常3～4分だが、「かため」「やわらかめ」などお客の希望に合わせて最短10秒、最長10分の間で調整する。

4　2に湯切りしたうどんを加え、アクをひきながら2分30秒ほど煮込む。焦げつきやすいので、ときどき箸で混ぜる。次第にスープにとろみがつき、麺が茶色く色づいてくる。→ C

5　卵を中央に割り入れる。火を少し弱め、蓋をして30秒おき、卵の表面をかためる。→ D

6　かまぼこと長ねぎをあしらう。

A

B

C

D

練り味噌のつくり方

材料・200食分

赤味噌　8kg
八丁味噌　3kg
白味噌　1kg
ザラメ　750g
三温糖　200g
みりん　1.8ℓ
水　3.5ℓ

1　鍋にみりんと水を入れて強火にかける。

2　沸いてきたらザラメと三温糖を入れ、泡立て器で混ぜて完全に溶かす。→ a

3　中火にして八丁味噌と白味噌を加え、ダマにならないように泡立て器でよく混ぜる。焦げやすいので、ある程度混ざったら弱火にし、ややふつふつとしている状態を保ちなが十分に溶けるまで混ぜる。→ b

4　赤味噌を加え、玉杓子や木ベラで最初はかたまりをつぶすようにし、その後、しっかりと混ぜて全体をなじませる。ダマがなくなり、重たい感触になってきたら火を止める。加熱時間は、赤味噌を投入してから10分が目安。→ c

5　木ベラを両手で持ち、底をあたるようにしながらよく混ぜる。ぼてっとした状態になったら仕上がり。→ d

6　保存容器に移して小分けにし、粗熱をとる。蓋をして冷蔵庫で保存する。

a

b

c

d

イメージはうどんを使ったナポリタン。
ハーブが香る自家製トマトソースと
味噌の相性は、意外にも抜群。
余熱でとろけたチーズが
麺やスープにからんでうまい。
タバスコをふるのがおすすめ。

イタリアン味噌煮込みうどん ◆ 味噌煮込罠

材料・1食分

うどん（P.23）　180g（生）
だし（P.36）　360mℓ
練り味噌（P.83）　80g
鶏もも肉（一口大に切る）　40g
トマトソース（P.89）　75g
卵　1個
みつば（適当な長さに切る）　1つかみ
ナチュラルチーズ（シュレッド）　40g

1 土鍋にだしをはり、練り味噌を溶いて火にかける。鶏もも肉とトマトソースを加える。火加減は強めの中火を保つ。

2 手鍋にたっぷりの湯を沸かし、うどんをゆでる。後で煮込むため、この段階で芯まで火を通す必要はない。ゆで時間は通常3〜4分だが、「かため」「やわらかめ」などお客の希望に合わせて最短10秒、最長10分の間で調整する。

3 **1**に湯切りしたうどんを加え、アクをひきながら2分30秒ほど煮込む。焦げつきやすいので、ときどき箸で混ぜる。次第にスープにとろみがつき、麺が茶色く色づいてくる。

4 卵を中央に割り入れる。火を少し弱め、蓋をして30秒おき、卵の表面をかためる。みつばを全体に散らし、中央にナチュラルチーズをのせる。

10種類以上の素材を合わせ、コトコト煮込んだ自家製トマトソース。

材料・1食分

うどん（P.23）　180g（生）
だし（P.36）　400mℓ
練り味噌（P.83）　75g
鶏もも肉（一口大に切る）　40g
油揚げ（幅1.5cmに切る）　2切れ
キムチ　80g
卵　1個
かまぼこ（厚さ5mmに切る）　2切れ
長ねぎ（斜め切り）　10g

1 土鍋にだしをはり、練り味噌を溶いて火にかけ、鶏もも肉と油揚げを加える。火加減は強めの中火を保つ。

2 手鍋にたっぷりの湯を沸かし、うどんをゆでる。後で煮込むため、この段階で芯まで火を通す必要はない。ゆで時間は通常3〜4分だが、「かため」「やわらかめ」などお客の希望に合わせて最短10秒、最長10分の間で調整する。

3 **1**に湯切りしたうどんとキムチを加え、アクをひきながら2分30秒ほど煮込む。焦げつきやすいので、ときどき箸で混ぜる。次第にスープにとろみがつき、麺が茶色く色づいてくる。

4 卵を中央に割り入れる。火を少し弱め、蓋をして30秒おき、卵の表面をかためる。かまぼこと長ねぎをあしらう。

キムチ味噌煮込みうどん ◆味噌煮込罠

キムチ鍋よろしく、
いまや定番の発酵食品同士のコラボ。
酸味と辛味が味噌スープに溶け込み、
コクが深まる。キムチの塩気を考慮して、
味噌の量はちょっと少なめに。

熱々をすする冬の人気メニュー。
鶏肉、白菜、えび天など具だくさんに演出。
保温性の高い鉄鍋で調理、提供するため、
食べすすむうちに煮込みが深まり
味の変化が楽しめる。

鍋焼きうどん ◆ 大阪うどん てんま

材料・1食分

うどん（P.23）　240g（ゆで上げ）
かけつゆ（P.33）　450mℓ
鶏もも肉（適当な大きさに切る）　適量
白菜（適当な大きさに切る）　適量
油揚げ（きざむ）　適量
卵　1個
えび天*　1本
かまぼこ（薄切り）　2枚
長ねぎ（斜め切り）　適量

＊えびは殻をむき、たたいてのばす。天ぷら衣をつけ、180℃のサラダ油で揚げる。

1 うどんはたっぷりの湯でゆでる。水で洗い、冷水でしめた後、湯で温める。

2 湯切りしたうどんを鉄鍋に入れる。

3 別の鍋にかけつゆ、鶏もも肉、白菜、油揚げを入れ、火にかける。

4 **3**の肉と野菜に火が通ったら、**2**の鉄鍋に煮汁ごと移し、火にかける。沸いてきたら、中央にくぼみをつくって卵を割り入れ、軽く煮込む。

5 卵のまわりに、えび天、かまぼこ、長ねぎを盛り付け、火からおろす。

column

味噌煮込みうどんは麺から違う!

一般的なうどんの麺は、小麦粉に塩水を加えてこね、さらに寝かせることで強力なグルテンを生み出す。それが弾力やコシといわれるものの正体だ。この逆を狙うのが味噌煮込みうどんの基本。“塩なし、寝かせなし”でつくるのだ。すると、煮込んでも芯が残っているような、がしっとした歯ごたえの麺になる。また、塩を使った麺だと煮込むほどに塩分がつゆに溶け出してしまうが、塩不使用の麺ならその心配もない。

味噌煮込みうどんをおいしく仕上げるために、調理のときにも一工夫。それは、麺を下ゆでしてから煮込むこと。「打ち粉を落とすのと、煮込み時間を短縮するのが狙い。それにより、しつこくない、さらりとしたスープになります」と「味噌煮込罠」の店主・岡田望さんは語る。

味噌煮込罠の麺は自家製。寝かせを必要としないため、麺はその日に使う分を毎朝仕込む。一般的なうどんよりも楽?　いやいやそうではない。麺打ちと並行して、だしづくり、さらには練り味噌の仕込みを行う。また、熱々の味噌煮込みを敬遠する人が多い夏場には、味噌煮込み用の麺に加え、冷たいメニュー用に名古屋名物のきしめんも打つ。うどんづくりは体力勝負——味噌煮込みも例外ではない。

“塩なし、寝かせなし”でつくる「味噌煮込罠」の自家製麺。

麺の「ゆで方」も重要なテーマ

うどんはたっぷりの湯に入れ、湯の対流に合わせてぐるぐると泳がせるようにしてゆでるのが基本。その理由は2つある。ひとつは、ムラなく熱を通すため。もうひとつは、麺の塩分を抜くためだ。

「ベストな状態にゆで上げるために、ゆで時間はもちろん、ゆで湯の量も目安を決めています」と語るのは「谷や」を仕切る谷和幸さん。営業中、大量の麺をゆで続ける谷やでは、ゆで釜に180ℓの水を沸かし、適宜さし湯をして湯量を保っている。また、家庭で麺をゆでる場合は、「生麺200～300gに対して、ゆで湯の量は3ℓが目安」と言う。

ゆで時間は、メニューによって変えることが多い。ゆで上げた麺をそのまま使う(ケース1)、水でしめた後、再度温める(ケース2)、水でしめて冷たいまま提供する(ケース3)など、ゆでた後のプロセスに違いがあるためだ。「元喜」を例にとると、釜揚げうどんはケース1で5分、かけうどんはケース2で7分、ざるうどんはケース3で13分に設定。当然、ゆで時間が短ければ麺の塩気は強く、長ければ塩気は弱いため、元喜ではつゆの塩分をメニューごとに調整し、バランスをとっている。

麺をゆでるときの注意点は、湯量やゆで時間だけではない。麺の表面を傷つけないように、扱いにも十分に気を配りたい。ゆで上げた麺はやわらかく、肌は非常にデリケート。傷がつくと、見た目と、口あたりやのどごしに影響が出てしまうこともある。そこで、“ゆで麺”を仕様書発注している「辨慶」では、麺を温めたり、湯切りする際に、細い金属を格子状に編んだ「てぼ」(「湯切り」とも呼ぶ)ではなく、紐を編んだ袋を使用している。一見、単純に思う“麺ゆで”の工程だが、ここも仕上がりを左右する重要なポイントなのだ。

「元喜」では麺棒を使って麺を泳がせ、ムラなくゆでる。

麺を傷つけないように、紐を編み込んだ袋を使うのが「辨慶」のルール。

補足レシピ

◆あんぷく

明太子ソース

材料・仕込みやすい分量

明太子　1kg
マヨネーズ　250g
ざるつゆ(P.35)　100mℓ
EVオリーブ油　90mℓ
ライム果汁　1/4個分

1　ボウルにすべての材料を入れ、混ぜ合わせる。

ジェノバペースト

材料・仕込みやすい分量

バジル(生)　440g
松の実　250g
パルメザンチーズ(粉)　180g
にんにく　40g
EVオリーブ油　1.5ℓ
塩　10g

1　松の実をミキサーに入れ、細かくなるまで撹拌する。

2　パルメザンチーズ、にんにく、EVオリーブ油、塩を加えて撹拌し、全体がなじんだらバジルを加え、再び全体がなじむまで撹拌する。

◆手繰りや 玄治

天つゆ

材料・仕込みやすい分量

天つゆ用だし(下記)　800mℓ
淡口醤油　100mℓ
みりん　100mℓ

1　鍋にすべての材料を入れて火にかけ、温める。

天つゆ用だし

材料・仕込みやすい分量

昆布　10g
花がつお　50g
水　1.8ℓ

1　鍋に水と昆布を入れ、火にかける。沸騰直前に昆布を取り除く。

2　ひと煮立ちしたら火を止め、花がつおを入れる。かつお節がすべて沈んだら、漉し布で静かに漉す。

◆谷や

肉味噌

材料・仕込みやすい分量

豚挽き肉　1kg
干し椎茸(どんこ)　15個
たけのこ(水煮)　300g
玉ねぎ(みじん切り)　3個
にんにく(すりおろす)　30g
豆板醤　70g
甜麺醤　500g
鶏ガラスープの素(粉末)　20g
水　500mℓ
サラダ油

1　干し椎茸は分量の水に1晩浸してもどす。もどし汁はとりおく。

2　**1**の椎茸とたけのこを5〜7mm角に切る。

3　中華鍋にサラダ油を熱し、にんにくと豆板醤を入れて炒める。香りが立ってきたら豚挽き肉を加えて炒め、肉に火が通ったら**2**の椎茸とたけのこ、玉ねぎを加える。

4　甜麺醤、鶏ガラスープの素、**1**でとりおいたもどし汁の全量を加え、中火で20分ほど煮詰める。全体にとろみがついて、麺にからみやすい濃度になったら火からおろす。

5　保存容器に移し、冷蔵庫で保存する。1週間ほど保存可能。

◆七弐八製麺

鶏だし

材料・仕込みやすい分量

鶏ガラ　適量
香味野菜　適量
干し椎茸(どんこ)　適量
日本酒　適量
水　適量

1　鶏ガラは流水で洗い、水をはった鍋に入れ、香味野菜、干し椎茸、日本酒を加えて火にかける。沸騰したら表面に浮いたアクと油を取り除き、弱火で3時間煮る。

2　漉し布で漉し、保存容器に移して冷蔵庫で保存する。

◆にはち

鴨油

材料・仕込みやすい分量

鴨脂身（皮付き）　適量
長ねぎ（適当な大きさに切る）　適量

1 フライパンに鴨脂身を入れて火にかけ、皮がカリカリになるまで30分ほど加熱する。長ねぎを加え、色づくまで焼く。

2 鴨脂身と長ねぎを取り除き、フライパンに残った油をペーパーで漉す。バットに移し、冷蔵庫で冷やしかためる。

◆博多あかちょこべ

塩豚

材料・仕込みやすい分量

豚バラ肉（ブロック）　適量
バジル（乾燥）　適量
オレガノ　適量
塩

1 豚バラ肉は500gほどの大きさに切り分ける。表面に塩をすり込み、バジルとオレガノをまぶす。ラップフィルムで包み、冷蔵庫に1週間おく。

2 **1**の豚肉をさっと水で洗い、表面のハーブを落とす。

3 鍋に水をはって火にかけ、**2**を入れて30分ゆでる。粗熱をとり、保存容器に入れて冷蔵庫で保存する。

◆味噌煮込罠

トマトソース

材料・仕込みやすい分量

ホールトマト　12kg
炒め野菜　300g
├玉ねぎ（みじん切り）　適量
├にんじん（みじん切り）　適量
└セロリ（みじん切り）　適量
野菜の端材*　適量
赤ワイン　300mℓ
コンソメ（キューブ）　6個
バジル（乾燥）　適量
オレガノ　適量
ローズマリー　適量
ローリエ　適量
ケチャップ　200g
オリーブ油、塩、こしょう

*大根、きゅうり、かいわれ菜、みょうがなど。そのときあるものを使う。

1 炒め野菜を準備する。フライパンにオリーブ油を熱し、玉ねぎ、にんじん、セロリを入れ、弱火で30分〜1時間炒める。

2 寸胴に少量のオリーブ油をひき、**1**の炒め野菜を加えて火にかける。赤ワインを加え、アルコール分を飛ばす。

3 ホールトマトをつぶしながら加え混ぜる。野菜の端材、コンソメ、ハーブ類、ケチャップを順に入れ、塩、こしょうで味を調える。トマトが十分に煮崩れるまで1〜2時間弱火で煮る。焦げやすいので、こまめに混ぜる。

4 ローリエを取り除き、保存容器に移して冷蔵庫で保存する。

レシピ掲載店とうどん職人

◎あんぷく

東京都豊島区西池袋1-37-8 JPビル1F
☎ 03-6915-2646

安江勇治さん

店主の安江勇治さんは、岐阜の老舗うどん店の懐石料理部門を経て、道場六三郎さんに師事。その後、「NINJA AKASAKA」で和食部門のシェフを務める他、海外レストラン事業などに携わり、2009年10月に「あんぷく」をオープンした。売りは約20品を用意する創作うどんで、「カルボナーラうどん」や「黒酢の酢辣湯つけうどん」などオンリーワンのメニューがずらり。イタリアンや中華などさまざまな料理のテイストを取り入れているが、必ずどこかにだしや醤油など“和”の要素をからめるのがポイント。独自性を打ち出しつつ、うどんとして違和感のない味づくりが、安江さんの真骨頂だ。

◎手繰りや 玄治

東京都東村山市栄町2-38-2 寿ビル1F
☎ 042-398-5833

愛甲撤郎さん

西武新宿線久米川駅前の商店街に2007年12月に開業した、地域密着のそばうどん店。店主の愛甲撤郎さんは18歳から料理の道に入り、東京・ひばりが丘のそばの名店「たなか」などで研鑽を積んだ人物。30年来、「うまいそば」を追い求め続ける生粋のそば職人だ。電動石臼で製粉する並そばと、手挽き臼を使う十割田舎そばが人気だが、国産小麦を使った手打ちうどんのファンも多い。いずれも、そば職人ならではの繊細な味づくりを堪能できる。また、一品料理も評判で、約30品を用意。鰻巻きや海老しんじょうなどひと手間かけたつまみの数々が、酒飲みの心まで癒している。

◎大阪うどん てんま

大阪府大阪市北区末広町1-14 アクティ南森町1F
☎ 06-6315-1114

大阪うどんの「松葉家(現・うさみ亭マツバヤ)」で修業を積んだ山崎毅之さんが独立し、2001年に開業。うどんは昆布をきかせた大阪らしい味づくりで、約30品とバリエーション豊富な品揃え。きつね、鶏卵、鶏なんばなど大阪うどんの定番メニューが中心だが、麺とごはんをひとつの器に盛り込んだ「カレーおじやうどん」などボリュームたっぷりのオリジナルメニューも人気だ。その他、丼もの約10品、夜営業では酒肴約50品や「うどんすき鍋」も提供。大阪人の胃袋をがっちりと掴んでいる。

◎元喜

東京都渋谷区西原3-1-6
☎ 03-3466-0141

岩崎良蔵さん

かつてうどん店巡りが趣味だった店主の岩崎良蔵さん。30年勤めた会社を退職し、香川で修業を積んだ後、2005年12月に「元喜」を開業。ライフワークではなく、“職業うどん人”として真正面からうどんと向き合う新たな人生をスタートさせた。うどんメニューは約40品。国産小麦2種をブレンドし、日々蓄えたデータにもとづく絶妙な加水で打った麺と、産地にこだわった天然素材のつゆが自慢だ。一品料理も約30品と充実しており、なかでもうどんだしをベースに仕込むおでんが売り。フロアの一角で湯気を上げるおでん鍋を見れば、思わず「これも!」と口に出ること請け合い。

◎谷や

東京都中央区日本橋人形町2-15-17 1F
☎ 03-5695-3060
http://www.tg-supply.jp/

谷 和幸さん

江戸情緒漂う水天宮のほど近くに2010年7月にオープンした讃岐うどん専門店。メニューには、ぶっかけや釜揚げなど讃岐の定番30品余がずらり。小細工なしで骨太なうどんの魅力を打ち出す。店を任されている谷和幸さんは、香川の繁盛店「もり家」で8年修業し、最後の2年は浜松店の店長を務めた実力の持ち主。毎朝4時半から麺を仕込み、営業中も麺を打ち続け、つねに打ちたての弾力あるうどんを提供している。また専任スタッフがいちから仕込む、香り高いだしや歯切れのよい天ぷらも谷やの魅力。昼どきには、30席が瞬く間に埋まる人気店だ。

◎七弐八製麺

大阪府大阪市中央区南船場1-8-19 SKタワー心斎橋イースト1Ｆ
☎ 06-7709-3868

2010年7月にオープン。店主の小島光博さんは、讃岐うどんの手法をベースとしつつ、小麦粉の配合や製法などの工夫で独自の麺を追求。生み出された麺は、跳ねるようなコシとつややかな肌で、お客を魅了している。うどんメニューは常時約30品。釜玉や生醤油など讃岐の定番がある一方で、きつねや肉うどんなど大阪のうどん文化に欠かせない一杯にも出会える。うどんの可能性を広げよう！——そんな心意気が感じられる個性派メニューも充実。本書で紹介している「鶏汁つけうどん」や「ぶっこみカレーうどん」はその一例。続々と登場する新商品を目当てにリピートするファンも急増中だ。

小島光博さん

◎辨慶 西京極店

京都府京都市右京区西京極東大丸町16
☎ 075-313-5464

和食店で修業を積んだ店主の岩本晴美さんが、1979年に知人から引き継いだ屋台のうどん店が前身。店舗を構えたのは92年のことで、現在、西京極店と東山店の2店舗を運営し、京都における“大衆の食文化”を支えている。「辨慶」のうどんは、昆布は使わず、さば節やかつお節などでとるだしが命。そこに、薄口醤油やみりんなどで味をのせていく。うどんは、かけうどんをベースにした温かいメニューのみで、油揚げ、牛肉、きんぴらなど、具材でバリエーションをつけた約30品を用意。“プラスα”のトッピングも約20品と豊富で、好みのトッピングでアレンジして楽しむのが辨慶流だ。

岩本晴美さん

◎にはち

東京都練馬区石神井台7-9-6
☎ 03-3920-2815

東京・中野のそば店「さらしな總本店」で修業を積んだ藤原敬之さんが2001年11月に開業。店名こそ「にはち（二八）」だが、手打ちの十割そばが名物で、単品メニューの他、「そばとうふ」などのつまみにはじまり、天ぷら、そば、「そばもち」とリレーする「そば尽くしコース」も楽しめる。うどんもそばと同じく手打ちで、北海道産の国産小麦を使用。また、かつお節やさば節は「節」の状態で仕入れ、自店で削ってだしをとるなど、つゆづくりにもそば店らしい技術が光る。場所は、西武新宿線武蔵関駅から徒歩2分。洗練されたそばとうどん、落ち着いた空間が外の喧騒を忘れさせてくれる。

藤原敬之さん

◎味噌煮込罠

東京都文京区本郷3-31-15 菅谷ビル1Ｆ
☎ 03-3812-2286
http://misonikomin.net/

店主の岡田望さんは愛知県刈谷市出身。実家がうどん店を営む岡田さんにとって、味噌煮込みうどんは郷土の味であり、母の味。東京に移り住んで以降、都内のうどん店では琴線に触れる味には出会えず、「それならば」と一念発起して味噌煮込みうどん専門店「味噌煮込罠」を2007年1月にオープンした。レシピは実家の味をベースにしつつ、東京の味の好みを考慮して、練り味噌の配合などをアレンジ。練り味噌やだしはもちろん、麺も自家製で、なおかつ小さな土鍋で1食ずつ仕上げる手間暇かけた一杯だ。基本の味噌煮込みうどんの他、キムチ、トマト、カレーなどのアレンジメニューもあり、夏にはきしめんが登場する。

岡田 望さん

◎博多あかちょこべ

福岡県福岡市博多区冷泉町7-10
☎ 092-271-0102

2009年4月にオープン。昼はうどん、夜は居酒屋という二毛作スタイルで人気を集めている。麺は小麦粉に胚芽をブレンドしたオリジナルの自家製麺「古式胚芽うどん」。胚芽がぷつぷつと混じった見た目は意外性があり、でんぷんによるもっちり、なめらかな食感もユニークだ。つゆは、だしとかえしを合わせた後、追いがつおをしてかつお節の香りを強調。麺をやかんに入れて提供する「釜揚げずぼら」や、沖縄のソーキそばをヒントにした「スペアリブ肉うどん」など、オーナーの井上裕之さんが生み出す創作うどんの数々に高い評価が集まっている。

井上裕之さん

うどんを打つ

プロが教えるうどんの基礎と
定番・創作60品

初版発行　2012年3月30日
5版発行　2022年9月15日

編者Ⓒ　柴田書店編
発行者　丸山兼一
発行所　株式会社 柴田書店
東京都文京区湯島3-26-9 イヤサカビル　〒113-8477
電話　営業部　03-5816-8282（注文・問合せ）
書籍編集部　03-5816-8260
URL　https://www.shibatashoten.co.jp
印刷・製本　NISSHA株式会社

ISBN978-4-388-06135-8
Printed in Japan